대학의
미래는
싱가포르에
있다

이 책은 안세재단의 지원을 받았습니다.
1984년 설립된 안세재단(이사장 박영준)은 기획예산처 산하 공익법인으로서
인구, 경제, 디지털 기술 분야의 연구를 통해 한국과 국제 사회의 지속 가능한 미래를 모색합니다.
글로벌 포럼과 국제 네트워킹을 통해 세계 공동체와 협력하며 국가 발전에 기여하고 있습니다.

대학의 미래는 싱가포르에 있다

: 전 세계가 주목하는 난양공대 교육 혁신의 비밀

1판 1쇄 인쇄 2026. 3. 23.
1판 1쇄 발행 2026. 3. 30.

지은이 조남준

발행인 박강휘
편집 임여진 | 디자인 조명이 | 마케팅 이서연 | 홍보 이한솔
발행처 김영사
등록 1979년 5월 17일(제406-2003-036호)
주소 경기도 파주시 문발로 197(문발동) 우편번호 10881
전화 마케팅부 031)955-3100, 편집부 031)955-3200 | 팩스 031)955-3111

값은 뒤표지에 있습니다.
ISBN 979-11-7332-498-7 03370

홈페이지 www.gimmyoung.com   블로그 blog.naver.com/gybook
인스타그램 instagram.com/gimmyoung   이메일 bestbook@gimmyoung.com

좋은 독자가 좋은 책을 만듭니다.
김영사는 독자 여러분의 의견에 항상 귀 기울이고 있습니다.

전 세계가 주목하는 난양공대 교육 혁신의 비밀

대학의 미래는 싱가포르에 있다

✦ 조남준 지음

김영사

2

혁신 대학은 어떻게 작동하는가
난양공대의 운영 구조

3

교육은 어떻게 혁신이 되는가
난양공대의 교과 설계

4

대학은 어떻게 세계와 연결되는가
난양공대의 대외 브랜딩

5

인재가 찾아오는 대학, 인재가 머무는 대학
난양공대의 인재 관리

6

우리는 어떤 대학을 남겨줄 것인가
새로운 대학의 길

경계를 넘는다는 것

인생에서 방향이 바뀌는 순간은 예상보다 조용하게 다가온다. 나는 싱가포르라는 낯선 도시에서 15년째 살아오고 있다. 바이러스를 연구하는 실험실에서 여정을 시작했지만, 어느 순간부터는 '교육'이라는 거대한 구조를 설계하는 일에 관여하게 됐다. 이 책은 '대학'이라는 제도가 현재 어떤 위기를 겪고 있으며, 그 위기를 어떻게 새로운 기회로 전환할지 고민하는 한 교육자의 기록이다.

싱가포르는 '경계를 넘는 도시'다. 동서양 문화가 교차하고, 기술과 정책이 만나는 이 도시는 빠르게 움직이는 세계 속에서 자신만의 질서를 유지한다. 처음 싱가포르를 방문했을 때 마치 실험실에 갓 도착한 신입생처럼 모든 것이 낯설고 경이로웠다. 길거리의 청결함, 식당에서 들려오는 다양한 언어, 신속한 행정 처리, 과학자와 정책 결정자의 유기적 연대 등 모든 것이 생소하면서 묘한 영감을 주었다. 또 싱가포르는 '기회가 제도화된 도시'다. 특히 고등교육과 연구 개발 분야는 이 도시가 얼마나 빠르게, 그리고 의도적으로 움직이는지 보여주는 핵심 분야다. 정부와 대학, 기업과 연구자가 긴밀히 연결되어 있으며, 교육은 국가 전략의 핵심 도구로 작동한다. 바로 이것을 보면서 나는 '대학은 다시 설계되어야만 한다'라는 생각을 가지게 됐다.

그렇다면 왜 난양공대인가? 팬데믹과 기술혁신, 기후 위기와 AI의 발전은 기존 고등교육 체계를 송두리째 흔들고 있다.[1] 전통적인 전공 구분은 더는 유효하지 않으며, '무엇을 배우는가'보다 '어떻게 연결하고 응용하는가'가 더 중요한 시대가 도래했다.[2] 하지만 대부분 대학은 여전히 과거의 틀에 갇혀 있다. 교육자는 강의실에 머물고, 학생은 시험과 과제에 쫓기며, 연구자는 논문 수와 임팩트 팩터(영향력 지수)에 갇혀 있다.[3] 그 결과 대학은 사회보다 느리게 혁신하고, 산업의 속도를 따라가지 못하며, 젊은 세대의 상상력을 포착하지 못한다.

그런 와중 난양공대는 개교한 지 40년도 채 되지 않아 세계 대학 랭킹 10위권에 근접하며, 아시아를 대표하는 공대로 자리매김했다. 학령 인구 감소, 경쟁 심화, 교육·연구 재정의 한계 등으로 세계 대학이 고전하는 가운데 난양공대의 성과는 눈부시다. 캠퍼스 자체를 '살아 있는 실험실'로 만든 난양공대의 혁신은 교육계

일원뿐 아니라 일반 독자들에게도 지속 가능한 교육에 대한 비전을 전할 것이다.

1장에서는 '작은 나라의 큰 대학' 난양공대를 소개한다. 연구자 중심 임용·펀딩 시스템, 배우자까지 포함하는 인재 유치 전략, 삶을 지탱하는 헬퍼 제도 등, 연구자로서 싱가포르에서 산다는 것은 어떤 것인지 전하고자 했다.

2장에서는 난양공대의 운영 구조를 설명한다. 삼각 축 체제라는 리더십 실험이 전략적 기능 분화에 따라 변해가는 과정, 대학이 산학 협력을 이끌어가는 방법을 다뤘다.

3장에서는 난양공대의 교육 실험을 다룬다. 의학과 공학을 결합한 연구소, 아너스 칼리지와 르네상스 엔지니어링 프로그램 등 융합형 교과 설계를 기반으로 하는 엘리트 프로그램은 가능성 있는 인재가 특별한 인재로 성장하게 만든다.

4장에서는 난양공대의 글로벌 브랜딩 전략을 설명한다. 글로벌 다이얼로그, 과학 브랜드 구축, 국제 연구 네트워크 형성 등 대외 브랜딩 전략을 통해 난양공대는 대학을 국제 플랫폼으로 만들고자 한다.

5장은 난양공대의 인재 관리에 대한 장이다. 인재 이동을 '유출' 대신 '확산'으로 보는 관점, 교수 임용 및 평가 시스템에 필요한 변화, 세계의 과학 인재를 끌어들이는 싱가포르의 과학 중심 국가 전략을 설명한다.

마지막 장에서는 앞으로의 고등교육을 위한 나의 생각을 담았다. 교육자는 어떠해야 하는지, 글로벌 경쟁 시대에 한국 대학이 나아가야 할 방향이 무엇인지 질문을 던지고자 했다.

지금 나는 난양공대에서 연구실을 이끌며 후학을 지도하고, 새로운 과학적 전환을 모색하고 있다. 바이러스의 막을 감지하는 펩타이드를 개발하던 나는 이제 사회적 회복과 디지털 지속가능성을 이야기하며 '변환 경제Cross Economy'라는 새로운 패러다임을 제안하고 있다.⁴ 이것은 나에게 연구의 연장인 동시에 인간과 사회에 대한 상상을 실현하는 일이다.

내가 넘었던 경계는 국가의 경계이기도 했고, 전공의 경계이기도 했으며, 삶의 방향을 가르는 경계이기도 했다. 그리고 매번 그 경계를 넘을 때마다, 나는 조금씩 '나는 왜 이 일을 하는가?'라는 질문의 답에 더 가까이 다가갈 수 있었다.

이 책을 읽는 여러분, 특히 수많은 고민을 안고 저마다의 경계를 넘는 중인 젊은이들에게 이 기록이 길잡이이자 동행의 기회가 되기를 바란다.

싱가포르에서 대학을 묻다

작은 나라의 큰 대학, 난양공대

싱가포르는 사람 데려오는 일을 시스템적으로 접근한다. 경력자만이 아니라 그들의 삶, 가족, 미래를 통째로 데려오는 전략. 그 핵심에는 이런 믿음이 있다. "인재는 혼자 움직이지 않는다."

NANYANG TECHNOLOGICAL UNIVERSITY SINGAPORE

난양공대가
어디에 있다고요?

나는 스탠퍼드에서 박사과정을 마친 후 의학이라는 완전히 새로운 영역에 발을 들이기로 결심했다. 공학도가 의과대학으로 옮겨 박사후 과정을 밟는다는 것은 당시에도 흔치 않은 일이었고, 요즘도 그렇다. 대부분은 화학과에서 발전시킨 이미징 기술을 의학에 응용하거나 약물 전달 시스템을 설계하는 등 공학의 일부 개념을 의료 현장에 접목하는 의생명공학의 길을 택한다. 그러나 그때 나의 선택은 조금 달랐다. 나는 생체막, 특히 지질이중층이라는 구조체에 주목했다.[1] 지질이중층은 단순히 사람의 세포막에 국한된 것이 아니라, 많은 바이러스 역시 공유하는 구조라는 점에서 새로운 가능성을 보았기 때문이다.[2]

그 가운데에서도 나는 C형 간염 바이러스의 지질막을 선택적으로 파괴해 비감염성을 유도하는 전략에 집중했다.[3] 다시 말해, 숙주 세포를 손상시키지 않고 바이러스만 무력화할 수 있는 메커니즘을 찾고자 했다. 이 접근은 기존 항바이러스 전략과는 다른 방향을 제시했다. 2007년, 이 연구의 주요 성과가 미국화학회지에 발표됐고[4] 의외로 빠르게 주목받았다.

그때 연락을 준 외국 학자 중 한 명이 스웨덴 샬메르스공과대의 프레드리크 회외크Fredrik Höök 교수였다. 내가 발표한 논문을 보고 흥미를 느꼈고, 본인의 연구실로 나를 초대하고 싶다는 것이었다. 그는 나노 저울 기술QCM-D을 생체막 분석에 최초로 적용한 선구자로, 분야는 비슷했지만 사실 나와는 직접적인 학문적 교류가 없는 인물이었다. 당시 나는 논문 발표 직후 전혀 인연이 없던 유럽의 연구자가 직접 연락해왔다는 것에 가장 놀랐다. 이는 내 연구가 국경을 넘어 의미 있게 받아들여지고 있음을 실감하게 만든 순간이었다.

회외크 교수는 휴먼 프런티어 사이언스 프로그램Human Frontier Science Program, HFSP이라는 국제 협력 연구 프로그램[5]을 통해 나를 초대하고 싶어 했다. 그의 추천을 통해 내가 해당 프로그램에 지원할 경우 3개월간 스웨덴 체류를 위한 연구비 지원을 받을 수 있다는 말도 함께였다. 이 계획을 스탠퍼드의 공동 연구자이자 의대 지도교수였던 제프리 글렌Jeffrey Glenn 교수에게 논의했더니 처음에는 다소 회의적인 반응을 보였다. 진행 중인 여러 프로젝트에 차질이 생길 수 있다는 것이 그 이유였다. 결국 나는 3개월을 1개월로

줄이는 타협안을 제시하고, 그의 동의를 얻어 2018년 9월 1일 스웨덴에 도착했다.

샌프란시스코에서 10시간이 넘는 비행 끝에 예테보리에 도착했을 때, 장거리 비행 직후이니 잠시 숨 돌릴 시간은 있지 않을까 하는 예상과 달리 나는 공항에서 곧바로 실험실로 안내됐다. 실험실에 들어서자 4명의 연구원이 실험 장비 앞에서 나를 기다리고 있었다. 간단한 인사만 나눈 후, 그들은 새로 만든 바이오 센서로 내가 미국화학회지에 발표한 실험을 재현해보자고 제안했다. 피로가 가시기도 전에 실험에 들어갔지만 다행히 해당 실험은 익숙한 것이어서, 5시간 만에 성공적으로 재현해냈다. 결과를 본 순간, 실험실 분위기가 술렁였다. 회외크 교수와 연구원들은 한목소리로 어떻게 이 복잡한 시스템을 한 번에 재현할 수 있느냐며 감탄했다.

그날 저녁, 회외크 교수는 조용히 웃으며 나를 발견한 배경을 털어놓았다. 사실 그는 내 논문의 리뷰어 중 한 명이었다. 논문을 읽었을 때, 시스템은 매우 흥미로웠지만 과연 실험을 반복했을 때 같은 결과를 얻을 수 있을지 의구심이 들었고, 나를 초청해서 직접 확인하고 싶었다고 했다. 이런 대화는 나에게 연구자가 가지는 '의심과 검증'의 본질적 태도를 새삼 일깨워주었고, 그와의 유쾌한 저녁 식사는 지금까지도 인상 깊게 남아 있다.

그리고 며칠간 실험한 것을 다시 반복하고 정리하는 중에 그는 중요한 인물을 소개해주겠다고 했다. 이 인물이 바로 스웨덴 왕립 과학원에서 활동하며, 1995년부터 2004년까지 스웨덴 왕립 과학 아카데미의 노벨 화학상 위원회 위원으로 재직하면서 2000년부터 2003년까지 위원장을 맡아서 활동한 벵트 노르덴Bengt Nordén 교수였다.[6] 놀랍게도 노르덴 교수는 펩타이드 전문가였고, 내가 사용하는 펩타이드를 수십 년간 연구해온 세계적인 전문가답게 나에게 지대한 관심을 가졌다.[7] 큰 키, 유려한 말투와 태도에서 풍기는 지적인 품격은 단순한 학자 이상의 인상을 주었다. 그는 그저 연구 미팅에서 만난 연구자가 아니라, 마치 오랜 동료를 대하듯 나를 따뜻하게 대해주었다. 그와의 만남은 나로 하여금 처음으로 깊은 학문적 동료애를 체감하게 했다.

노르덴 교수와 나눈 대화는 학문적 교류를 넘어, 내 인생의 방향을 송두리째 바꾸는 계기가 됐다. 노르덴 교수는 노벨 화학상 심사 위원장이자 펩타이드 분야의 대가일 뿐 아니라, 세상을 통찰하는 시선을 지닌 사색가이기도 했다. 그의 눈은 내 연구의 가치와 가능성을 빠르게 포착했고, 그 순간부터 우리 사이의 대화는 단지 실험 기술이나 논문에 대한 이야기가 아닌 '앞으로 이 세상은 어디로 나아갈 것인가?'라는 화두로 옮겨 갔다.

나는 스웨덴까지 와서 그와 마주한 이상 평소 궁금했던 것들을 놓치지 않고 물어보겠다고 결심했다. 노벨상은 어떻게 심사하는지, 스웨덴 왕립 과학원의 전통은 어떠한지, 미국 학계와 유럽 학계의 차이는 무엇인지. 그는 진지하면서도 한편으로는 유쾌하게 유머를

섞어 답해주었고, 대화는 점점 더 자유롭고 폭넓어졌다. 그러다 학계에 남겠다는 나의 계획을 듣고 노르덴 교수는 자연스럽게 아시아 이야기를 꺼냈다. 그러면서 싱가포르에 대해 잘 아느냐는 뜻밖의 질문을 던졌다.

나는 멈칫했다. 솔직히 말해 당시 나는 싱가포르에 대해 아는 바가 거의 없었다. 한국과 미국에서 공부하고 일본, 중국 등 세계 여러 나라에서 근무하며 '세계'를 어느 정도 경험했다고 자부했지만, 싱가포르는 내 지리적, 문화적 시야에서 벗어난 곳이었다. 내가 아는 것이라곤 '규율이 엄격한 도시국가', '깨끗한 거리', '아시아의 네 마리 용 중 하나'라는 식의 뉴스 기사에서 들은 단편적 정보가 전부였다. 난양공과대학교Nanyang Technological University, NTU 즉 난양공대[8]라는 명칭도 그때 처음 들었다. 내 인생이 이 학교와 연관되리라는 것, 더 나아가 싱가포르에서 14년을 넘게 살게 되리라는 것은 그 당시에는 상상조차 하지 못했다.

노르덴 교수는 미소를 머금고 찬찬히 나의 반응을 살펴보았다. 그리고 조심스럽게, 그러나 확신에 찬 어조로 이야기를 이어갔다. "내가 잘 아는 동료 중 한 명이 최근 싱가포르의 난양공대 부총장이 되었는데, 아주 인상적인 리더십을 지닌 인물로 지금 그곳을 세계 수준의 대학으로 이끌고 있지."

나는 일단 고개를 끄덕이며 그의 이야기를 경청했다. 단순한 호기심인지, 혹은 나도 모르게 본능적으로 무언가를 감지한 것인

대학의 미래는 싱가포르에 있다

지 마음속에서 기대감이 자라나기 시작했다.

그가 언급한 인물은 다름 아닌 베르틸 안데르손Bertil Andersson 교수였다. 그의 경력 또한 흥미로웠는데, 난양공대로 옮기기 전에 그는 스웨덴 린셰핑대 총장, 유럽과학재단 총재로 재직했고 벵트 노르덴 교수 이전에 노벨 화학상 위원회에서 1989년부터 1997년까지 위원을 지냈을 뿐 아니라 1997년에는 노벨 화학상 위원장을 역임했다.[9] 말하자면 스웨덴 과학계에서뿐만 아니라 유럽 학계 전체에서 손꼽히는 과학 행정가이자 교육자였던 셈이다. 그는 난양공대에서 부총장직으로 시작해 2011년에 총장직을 맡으면서 난양공대를 명실상부 아시아의 MIT로 발전시킨 과학자이며 행정가이자 철학자다.[10]

노르덴 교수가 내게 말했다. "조 교수의 연구와 태도를 보면 안데르손 교수와 아주 잘 맞을 거야. 원한다면 내가 직접 연락해서 난양공대에 조 교수를 초대할 수 있도록 하지." 처음엔 그저 호의에 기반한 상투적인 제안이라 생각했다. 그도 그럴 것이 현재 박사후 과정을 밟는 나를 부총장이 초대한다는 것은 어딘가 앞뒤가 맞지 않았다. 거기다 또 의문이 꼬리를 물었다. '노벨 위원장이면 노벨상을 주는 위원회를 총괄하는 사람인데, 어떻게 세계적으로 유명하지도 않은 난양공대와 인연을 맺어서 부총장을 하고 있지?' 어딘가에 초대받아 강연하고 사람들을 만나는 일은 연구자의 일상 중 일부였기에 이 또한 그런 일로 여기려 했지만 동시에 알 수 없는 기대감이 피어올랐다. 내게 익숙한 학문 생태계, 즉 미국의 확고한 정도正道와는 전혀 다른 세계가 열릴지도 모른다는 막연한 가능성에서 생겨난 기대였다.

무엇보다도 노르덴 교수는 싱가포르의 과학 정책과 국가 전략에 깊은 관심이 있었다. "싱가포르는 지금 과학기술을 국가 성장의 핵심축으로 삼고 있어. 정부를 주축으로 리더십을 발휘하고, 대학과 기업, 그리고 국제 협력을 통해 과학 생태계를 조직적으로 구축해가고 있지. 지금 주목해야 할 곳이 바로 거기야." 그는 몇 번이나 이 사실을 강조했고, 한 나라가 과학을 국가 전략의 중심에 두고 있다는 사실은 내게 무척 인상 깊게 다가왔다.

그날 저녁, 그는 빈말이 아니라는 듯 내게 다시 한번 권했다. "시간이 된다면 꼭 싱가포르에 가보도록 해. 단순한 여행이 아니라, 분명 조 교수의 시야를 넓히는 계기가 될 거야." 나는 고개를 끄덕이며 그렇게 하겠다고 답했다. 사실 공짜 여행이라는 생각도 있었고, 학문적으로 흥미로운 사람들과 새로운 장소를 경험할 수 있다는 점에서 나쁠 것이 없었다. 그렇게 나는 노르덴 교수의 소개를 통해 싱가포르에 관심을 가지게 됐다.

그 순간에는 몰랐지만, 이 만남은 그저 그런 과학적 우연에 그치지 않고 내 인생의 전환점이 됐다. 한 사람의 진심 어린 조언과 소개, 그리고 나의 작은 호기심이 이후 나의 삶을 송두리째 바꾸었던 것이다.

난양공대와의
첫 만남

2008년 가을, 전 세계는 금융 시스템의 구조적 위기를 직면했다. 리먼 브러더스의 파산(2008년 9월 15일)은 서브프라임 모기지 사태의 정점을 상징했고, 단순한 투자은행의 붕괴가 아니라 세계경제 질서의 붕괴를 알리는 신호탄이었다.[11] 이 여파는 미국 고등교육 생태계에도 직접적인 타격을 주었다. 많은 대학이 교수 채용을 전면 중단하며, 젊은 과학자들의 커리어는 안갯속에 놓였다.

그 무렵 나는 스탠퍼드에서 박사후 연구원으로 1년 반 정도를 지낸 상태였다. 본래 계획대로라면 2년 후 미국 내 교수직에 지원할 예정이었으나, 세계경제의 급변은 이 계획을 송두리째 흔들었다. 같은 연구실의 글렌 교수는 성급히 결정하지 말고 조용히 기회를 기다리라고 조언했지만, 나의 박사 지도교수였던 커티스 프랭크Curtis Frank 교수는 다른 선택지를 제시했다. 그는 싱가포르와 관련된 자료와 정보를 자주 건네주었고, "이건 너에게 좋은 기회야"라는 말을 반복했다.

당시 나의 삶은 연구자로서의 치열함과 아버지로서의 책임 사이에서 균형을 잡아가고 있었다. 둘째 현경이가 태어난 2009년, 나는 새로운 가족을 맞이한 기쁨과 함께 커리어에 대한 고민으로 밤잠을 설쳤다. 미국 내 교수직이라는 전통적 경로를 따라야 할지, 아니면 완전히 새로운 지평으로 나아갈지를 두고 깊은 내적 갈등에 시달렸다.

그런 고민을 하던 중에 나는 미국의 대표적인 젊은 과학자 지원 프로그램 2개에 지원할 준비를 하고 있었다. 하나는 미국 국립보건원의 것(K99/R00, Pathway to Independence Award), 다른 하나는 버로스 웰컴 재단에서 운영하는 것(Career Awards at the Scientific Interface, CASI)였다. K99/R00은 박사후 연구자가 독립 연구자로 전환하는 과정을 제도적으로 지원하는 프로그램이었다. 초기 2년(K99) 동안은 멘토링하에 연구를 수행하고, 이후 독립된 수석 연구책임자로 3년(R00)을 연계할 수 있어 안정적이면서도 구조화된 전통적 지원 모델이다.[12]

이에 반해 CASI는 훨씬 도전적인 성격을 띠었다. 이 프로그램은 물리학, 공학, 수학, 컴퓨터과학 등 비생명과학 분야 출신의 박사들이 생물학적 문제에 도전할 수 있도록 설계한 학제 간 펀딩 시스템이다. 단순한 자금 지원을 넘어 학문 간 경계를 넘을 수 있는 제도적 사다리를 제공하는 것이 핵심이었다.[13] '과학의 진보는 늘 경계 너머에서 시작된다'라는 철학이 기본 정신으로, 실제로 수많은 CASI 수혜자가 현재 하버드, MIT, 스탠퍼드 등에서 계산신경과학, 시스템생물학, 바이오물리학, 합성생물학 등의 분야를 선도하고 있다. 나 또한 이 프로그램을 확실한 미래로 인식하고 있었다.

그러던 중, 지속적으로 교류 중이던 회외크 교수와 노르덴 교수로부터 뜻밖의 연락이 왔다. 싱가포르의 난양공대 조교수 프로그램Nanyang Assistant Professorship, NAP에 지원해보라는 권유였다. 솔직히 망설이는 마음이 없었다면 거짓말일 것이다. 나는 CASI 준비에 몰두해야 했고, 싱가포르는 낯선 세계였기 때문이다. 그러나 회외크 교수와 노르덴 교수가 들려준 싱가포르의 새로운 연구 생태계에 대한 설명은 마음 한편에 남아 호기심을 불러일으켰고, 나는 이야기로만 전해 듣던 싱가포르의 정체성과 제도를 직접 이해하고 싶어졌다. 그리고 드디어 2010년 초, 현지를 방문하기로 결심했다.

공항에 내리자마자 마주한 무겁고 눅눅한 공기, 난양공대로 향하는 차창 밖으로 펼쳐지는 도시와 자연의 조화는 강렬한 인상을 주었다. 나는 난양공대 캠퍼스 안에 위치한 숙소에 머물며 캠퍼스를 직접 둘러보았고, 미국 대학과는 전혀 다른 구조와 설계, 특히 자연을 품은 거대한 규모에 놀라움을 감추지 못했다. 난양공대 화학공학과에서 한국 교수들과 면담을 했고, 이어 싱가포르국립대에서도 인터뷰를 진행했다. 놀랍게도 싱가포르국립대에서는 현장에서 바로 교수직을 제의했다. 반면 난양공대는 상대적으로 비공식적이고 조용히 접근했는데, 나중에 알고 보니 이는 나를 NAP 후보 혹은 싱가포르 국가연구재단의 NRF 펠로십 수혜자로 고려했기 때문이었다.

그 시기 난양공대는 중대한 전환점에 서 있었다. 베르틸 안데르손 교수는 2007년 난양공대의 첫 프로보스트Provost로 부임한 후 본격적으로 근본적 개혁을 추진했다(프로보스트란 싱가포르 및 미국 대학에서 총장 직속의 최고 학문·연구 운영 책임자를 의미한다. 학사 행정을 담당하는 한국 대학의 교무처장과는 성격과 권한이 다르며, 교수 인사와 학문 전략 전반에 실질적 결정 권한을 행사한다). 2011년 총장으로 승진하면서는 난양공대를 교육 중심의 지역 대학에서 연구 중심의 글로벌 대학으로 재편하고자 했다.

그는 싱가포르 정부의 강력한 재정 지원을 바탕으로 테뉴어(정년 보장) 시스템을 재정비하고, 교수 채용 기준을 글로벌 기준에 맞춰 재조정했다. 난양공대의 30주년 기념집《30년의 추진력 30개의 관점Thirty Years of Momentum, 30 Perspectives》에서는 이 시기의 난양공대 개혁을 다음과 같은 네 가지 핵심 요인으로 요약한다. 첫째, 싱가포르 정부의 지속적 재정 투자. 둘째, 난양공대 이사회 및 리더십의 장기적 비전. 셋째, 교수 채용과 테뉴어 심사의 엄격한 기준.

넷째, 정부 – 경영진 – 이사회 간의 명확한 목표 정렬이었다.[14]

나는 당시 미국의 전통적 펀딩 시스템과 싱가포르의 NAP, NRF 펠로십을 직접 체험하며 비교해볼 수 있었다. 펀딩 금액 같은 경제적 지원뿐만 아니라 철학, 자율성, 경력 설계의 유연성 측면에서 싱가포르의 지원 시스템은 완전히 다른 학문 생태계를 만들어 내고 있었다.

싱가포르의 첫인상은 '기회의 공간'이었다. 싱가포르에서의 새 출발은 단지 국가를 옮기는, 생활공간의 변화만을 의미하는 것이 아니었다. 나는 그곳에서 내 정체성을 새롭게 정의해야 했고, 내가 진정으로 무엇을 연구하고 싶은지 다시금 치열하게 고민하고 물어야 했다. NAP와 NRF 펠로십은 단순한 재정 지원을 넘어 학문적 자유, 기술적 인프라, 정책적 지속성을 갖춘 새로운 과학 생태계를 형성하는 제도였다.

이후 싱가포르에서 내 경력은 급물살을 타듯 빠르게 전개됐다. 그러나 그것은 제도 때문만은 아니었다. 결정에는 언제나 불확실성의 그림자가 드리운다. 나는 과학의 경계에서 결정을 내려야 했고, 그 결정을 통해 내 정체성은 더욱 확장됐다. 내게 싱가포르는 단지 이주지가 아닌, '살아 있는 실험실living laboratory'이었다. 난양공대에서의 여정은 그렇게 시작됐다.

표 1.1 초기 경력 연구자 지원 프로그램 비교

항목	NIH K99/R00[15]	BWF CASI[16]	NTU NAP[17]	NRF 펠로십[18]
운영 기관	미국 국립보건원	미국 버로스 웰컴 펀드	싱가포르 난양공대	싱가포르 국가연구재단
지원 목적	멘토링 단계(K99) → 독립 단계(R00) 연구·커리어 개발 지원, 초기 교원으로의 전환 촉진	물리·수학·계산과학·공학 박사후 연구원의 생명과학 분야 박사후 연구원 → 초기 교원(3년차) 전환 지원	초기 경력 연구자에게 테뉴어 트랙 교수직 + 스타트업 연구비 제공, 연구 리더 양성	초기 경력 연구자의 싱가포르 내 풀타임 독립 연구 수행 지원
대상 요건	•박사후 연구 경력 4년 이하(출산·의료·군복무·연구 분야 변경 등 예외 허용) •K99 박사후 연구원 중이며 교원 임용 전	•물리·수학·계산과학·공학 → 생명과학 전환 박사후 연구원 •미국·캐나다 학위 수여 기관 소속 •심화 박사후 연구원 훈련과 초기 교원 3년 차 역량 필요 •일부 연방 기관 외 지원 불가	•PhD/MD 등 박사 학위 취득 10년 이내 •박사후 연구원 또는 동등 경력 •초기 성과·독립 연구 잠재력 보유 •의사과학자(clinician scientist) 지원 가능 •난양공대 내부 지원자는 임용 12개월 이내 또는 박사후 3년 이내에 1회 지원 가능	•박사 학위 보유자, 박사 취득 후 경력 7년 이하 •모든 과학·기술 분야(컴퓨터, 공학, 생명과학, 물리·자연과학, 융합 분야 포함) •유사 초기 경력 펠로십 수혜 경험 없음
국적 요건	없음	없음, 단 미국·캐나다 학위 수여 기관 소속이어야 함	없음	없음
지원 기간	최대 5년(멘토링 1~2년 + 독립 3년)	5년	미기재(스타트업 연구비 기간 명시하지 않음)	5년

총지원금	• K99: 연 12만 5,000달러(급여 7만 5,000달러 + 연구비 2만 5,000달러) • R00: 연 24만 9,000달러(5만 달러 한도 장비비 포함)	• 총 56만 달러	• STEM: 최대 150만 싱가포르달러(연구비 + 박사 장학생 5명) • SHAPE: 최대 100만 싱가포르달러(연구비 + 장학생 2명) • 자유 주제 연구: 최대 25만 싱가포르달러 ※최신 공고에서는 금액 미기재	• 최대 325만 싱가포르달러(5년 총액, 일반 간접비 포함)
급여 및 연구비	• 급여·연구비 모두 포함(각 단계별 상한 내)	• 총액만 명시, 급여·연구비 세부 비율은 미기재	• 교수 임용 시 경쟁력 있는 연봉 및 복리 후생(attractive remuneration) 패키지 제공 • 스타트업 연구비 별도 제공	• 연구비: 인건비·장비·소모품·간접비 포함 • 급여: 호스트 기관이 풀타임 임용 시 지급(공고에 명시하지는 않음)
독립성	R00 단계 진입 시 테뉴어 트랙 제안 수락 후 완전 독립 연구 책임자 전환	5년간 박사후 연구원 → 첫 3년 차 교원 연계 지원	선정 즉시 테뉴어 트랙 조교수/부교수 임용 → 독립 연구 책임자	선정 즉시 독립 연구 책임자로 팀 구성·운영 가능
호스트 요건	• K99: 연구자의 멘토링 기관 소속 유지 • R00: 테뉴어 트랙 임용 기관에서 R00 신청 및 지원 확약서 작성	• 미국·캐나다 공인 학위 수여 기관 소속 • 멘토는 해당 기관 재직 • 독립 연구소는 비영리 기관 요건 충족 시 가능	• 난양공대 풀타임 정규 교수직(테뉴어 트랙) 제안, 난양공대 연구 인프라·관리 지원	• 싱가포르 내 적격 호스트 기관에 풀타임 임용 보장 및 지원 확약서 작성

'슈퍼스타 패키지'를 제안받다

      2011년, 나는 드디어 싱가포르 국가연구재단의 NRF 펠로십에 최종 선정됐다. 싱가포르 정부가 전 세계의 젊은 과학자를 유치하기 위해 만든 이 프로그램은 단순히 대규모 연구비(2011년 기준 370만 싱가포르달러 이상)를 제공하는 것에 그치지 않았다. 나를 놀라게 한 것은 내가 특정 학교에 지원해 면접을 보는 구조가 아니라, 내가 학교를 면접하는 구조라는 점이었다. 나는 수혜자로 선정되자마자 싱가포르국립대, 난양공대, 듀크-싱가포르국립대 의대(듀크-NUS), 싱가포르 과학기술청A*STAR, 싱가포르경영대, 싱가포르기술디자인대 등 싱가포르의 주요 대학과 연구기관에서 인터뷰 제안을 받았고, 각 기관은 나를 유치하기 위해 조건을 제시하며 협상을 요청해왔다. 그 당시 가장 발 빠르게 움직인 것은 싱가포르국립대였다. 그들은 내가 미리 오퍼를 받은 상태에서 NRF 펠로십에 선정됐으니 새로운 오퍼를 제시하겠다는 이메일을 보냈다(현재는 먼저 학교를 정하고 학교와 함께 펠로십에 지원하는 시스템으로 전환됐다).

이 과정은 내가 처음으로 '과학자 중심 시스템'이라는 개념을 실감한 순간이었다. **연구비에 따라 대학이 움직이는 것이 아니라, 연구자가 대학의 중심인, 즉 인재 중심의 구조였다.** 공식적으로는 독립적인 평가와 행정을 운영하고 있었지만, 실제로는 정부와 대학 간의 긴밀한 정보 공유가 이루어졌고, 이를 통해 빠른 협상과 결정이 가능했다.

그러던 와중 난양공대 재료공학과의 프레디 보이Freddy Boey 교수가 샌프란시스코 공항으로 나를 직접 만나러 오겠다는 메일을 보냈다. 그는 당시 학과장이었지만, 난양공대의 프로보스트로 임명되어 일정을 소화할 예정이어서 에너지가 넘쳐흘렀다. 싱가포르의 대학 시스템에서 프로보스트는 실질적 인사권을 지닌 직책으로, 테뉴어 승인, 학과 인사, 전략적 임용 등을 총괄한다. 그런 인물이 나를 만나기 위해 미국까지 왔다는 사실은 나라는 연구자에 대한 그들의 기대와 싱가포르 시스템의 역동성을 단적으로 보여주는 예였다.

공항에서 마주한 그는 성격이 급했고 단도직입으로 말했다.

"조건을 말해보세요."

나도 망설임 없이 이렇게 대답했다.

"조건은 지금 당신의 얼굴을 본 것으로 충족됐습니다."

그 말은 단순한 수사가 아니었다. 나는 UC버클리의 토목환경공학에서 시작해, 스탠퍼드에서 재료공학(석사), 화학공학(박사), 그리고 스탠퍼드 의대에서 생물막과 감염성 질환(박사후 과정)에 이르기까지 경계 없는 여정을 걸어왔다. 공학과 생명과학을 넘나드는 나의 궤적은 난양공대가 추구하는 학문 간 통섭과도 맞아떨어졌고, 프레디 보이 교수는 그것을 직관적으로 알아보았던 것이다.

그는 이렇게 말했다. "나는 당신과 같이 협상하는 사람을 본 적이 없습니다. 조건을 언급하지 않고, 백그라운드의 조화를 중심에 둔 협상은 처음입니다." 나는 끝까지 자세한 조건을 제시하지 않고 내가 난양공대에서 무엇을 할 수 있는지 설명하고 대화를 이끌어 갔다. 1시간 30분 정도의 짧은 미팅 끝에 프레디 보이 교수는 곧 임용 패키지를 보내겠다는 말과 함께 게이트로 걸음을 옮겼다.

며칠 뒤 나는 난양공대로부터 '슈퍼스타 패키지'라고 불리는 제안을 받았다. 조교수로 시작하는 일반적 트랙과 달리, 나는 부교수Nanyang Associate Professor로서[19] NRF 펠로십 기반의 독립적인 연구실과 자율성을 부여받고 임용됐다. 또 100만 싱가포르달러와 4명의 연구자에 대한 펀딩을 따로 받았고, 부교수 중 최상위로 대우한다는 조건이 포함되어 있었다.

그러나 '좋은 것이 언제나 좋지는 않고 나쁜 것이 언제나 나쁘지도 않다Good is not always good, Bad is not always bad'라는 사실을 뼈저

리게 느끼는 데는 오랜 시간이 걸리지 않았다. NRF 펠로십 수혜자는 전통적인 테뉴어 시스템에서 벗어나 독자적인 경로를 걷는다. 높은 자율성만큼 평가 기준이 더 엄격하고, 기대치는 훨씬 더 높다. 출발점이 달랐던 만큼, 성과를 요구받는 기준도 달랐던 것이다.

외형적으로 보면 나는 매우 좋은 조건으로 이곳에 왔다. 어마어마한 초기 연봉, 독립적인 연구비, 최첨단 시설, 그리고 '슈퍼스타'라는 수식어 아래 공항까지 마중 나오는 영접 등. 이 모든 것이 완벽해 보였다. 당시 나는 이렇게 생각했다. '이만하면 이보다 더 좋은 출발은 없겠지.'

하지만 그 '좋음'은 곧 '책임'이었다. 싱가포르의 시스템은 그렇게 단순하지 않았다. 시간이 흐르면서 나는 깨달았다. 좋은 조건은 곧 높은 기대치로 이어지고, 높은 기대치는 더 많은 책임을 요구한다는 사실을. 문제는 그 책임이 공식적으로 주어지지 않고, 비공식적으로 서서히, 그러나 확실하게 주어진다는 점이었다. 연구비를 받았다는 이유만으로 더 많은 학생을 지도해야 했고, 대외 평판을 관리해야 했으며, 대학의 전략적 목표에 따라 움직여야 했다.

그리고 결정적인 순간이 왔다. 바로 정년을 보장해주는 테뉴어의 문턱에서였다.

나는 싱가포르의 테뉴어 제도가 미국이나 한국의 그것과 본질적으로 다르다는 사실을 나중에야 알았다. NLF, NAP, 그리고 다른 외부 펠로십 수혜자는 사실상 나와 '다른 테뉴어 트랙'에 있었다. 그들은 공식적으로는 동일한 테뉴어 위원회를 거친다고 했지만, 실질적으로는 별도의 기준과 관점으로 평가되곤 했다. 같은 대학, 같은 직함임에도 다른 규칙이 적용되는 시스템이었다.

더 놀라운 것은 테뉴어가 끝이 아니라는 사실이었다. 사람들은 테뉴어를 받으면 모든 것이 끝난다고 생각하지만, 내 진짜 경주는 그 순간부터 시작됐다. 조교수에서 부교수가 될 때, 그리고 부교수에서 정교수가 될 때, 요구되는 것은 단지 논문 수나 인용 지수가 아니었다. 대학의 방향성, 정책 기획, 학과 운영, 후학 양성, 외부 파트너십 등 전부였다. 즉 주어진 권리는 돌아오지 않았지만, 주어지는 책임은 배로 늘어났다.

그때 나는 처음으로 깨달았다. 좋은 조건은 때로는 의무의 포장지일 수 있고, 성공의 문턱은 사실 의무의 계단일 수도 있다. 반대로 테뉴어를 늦게 받는 것, 외부 평가가 박한 것, 자신의 지위가 불안정해 보이는 것도 나쁜 것이 아닐 수 있다. 오히려 유연성과 자유, 재설계의 기회가 되기도 한다.

본질은 현상 뒤에 숨어 있고, 제도는 그 자체로 선도 악도 아니다. 우리가 서 있는 자리, 감당해야 할 책임, 그리고 질문하는 태도만이 그 의미를 규정한다.

NRF 펠로십과
연구자 중심 시스템

NRF 펠로십을 통해 싱가포르에 정착한 나는 통상적인 4 + 2 트랙과는 다른, 훨씬 더 유동적이고 전략적인 궤도에 놓였다. 나중에 알게 된 사실이지만, NRF 펠로십을 받은 연구자 중 상당수는 싱가포르를 떠났다. 이유는 단순하다. 이 제도가 양극단의 결과를 낳기 때문이다. 장기 펀딩을 기반으로 눈에 띄는 성장을 이뤄내거나, 그 기회를 관리하지 못한 채 도태되는 것이다. 그만큼 이 제도는 가능성과 리스크가 극명하게 교차하는 구조다.

나에게는 펠로십 과정이 단지 연구를 위한 시간이라기보다, 싱가포르라는 실험실에서 새로운 제도와 문화, 철학을 학습하는 여정의 일부였다. 특히 이 과정을 통해 3가지 중요한 통찰을 얻었다.

1. 연구자가 중심이 되는 생태계

싱가포르의 연구 시스템은 제도나 조직을 중심으로 하지 않는다. 개인 연구자의 가능성과 방향성에 따라 기관이 유연하게 조정된다. 이는 연구자가 시스템에 소속된 존재가 아니라, 시스템을 주도하는 주체가 될 수 있게 만든다.

2. 리스크를 감내하며 속도를 높이는 전략적 태도

의사 결정과 실행의 속도가 빠르며, 단기 안정성보다 중·장기적 파급력에 무게를 둔다. 실패 가능성도 감내하고, '실패해도 좋다'라는 분위기 속에서 과감한 실험이 가능하다.

3. 자신의 철학을 구현하는 협상

협상은 단순히 연봉과 연구비를 조율하는 과정이 아니다. 자신이 어떤 분야에서 어떤 방식으로 세상을 바꾸고자 하는지 명확히 하고, 그 철학을 기관과 함께 구체화해나가는 과정이다.

2011년, 내가 NRF 펠로십에 선정됐을 당시의 제도는 지금과는 여러 면에서 달랐다. 당시 제공되던 펀딩은 최대 370만 싱가포르달러로 현재보다 오히려 더 많았으며, 그만큼 초기 경력 연구자에게 매우 파격적인 조건이었다.[20] 그러나 동시에 매우 제한적이고 엄격한 규칙이 적용됐다. 무엇보다 한 번 탈락하면 다시는 지원할 수 없었다.[21]

또 과학기술청 펠로십이나 테마섹Temasek 펠로십 등 유사한 수준의 펀딩을 수혜한 경우 NRF 펠로십에는 신청할 수 없는, 철저한 상호 배타적 구조였다.[22] 펠로로 선정되기 위해서는 철저한 개별 평가와 인터뷰를 통과해야 했으며, 호스트 기관은 펠로십 선정 이후에야 협상이 가능했다. 다시 말해, 기관이 연구자를 '받아주는' 구조가 아니라, 연구자가 '기관을 고르는' 구조였다.[23] 이는 당시 싱가포르가 전 세계 우수 인재를 유치하기 위해 선택한 매우 전략적인 구조였다.

그러나 이후 싱가포르의 연구 환경과 인재 경쟁 상황은 계속 진화했다. 2025년 현재, NRF 펠로십은 여전히 매우 경쟁력 있는 제도지만 보다 유연하고 개방적인 형태로 발전했다. 예를 들어 펀딩 규모는 325만 싱가포르달러로 소폭 감소했지만 이는 간접비 overhead를 포함한 액수로 현실적인 정비라 할 수 있다.[24]

더 중요한 변화는 규칙의 철학적 방향이다. 현재는 육아나 질병, 돌봄 등으로 인한 경력 공백을 인정해, 공정성과 다양성을 담보한다. 예전에는 연구자의 '성과'에만 초점을 맞췄다면 지금은 '과정'과 '맥락'도 중요하게 평가한다.

또 하나의 큰 변화는 호스트 기관의 역할이다. 예전에는 선정된 후에야 기관을 찾을 수 있었다면, 이제는 신청 단계에서부터 호스트 기관의 확약서Letter of Commitment를 요구한다. 기관과 연구자의 공동 설계를 강조하는 방향으로 제도가 바뀐 것이다.

마지막으로 가장 환영할 만한 변화는 재신청 가능성이다. 지금은 한번 탈락했다고 해서 끝이 아니다. 자격 요건만 충족한다면 재도전 기회가 열린다. 싱가포르 과학 시스템에 있어 이는 단지 규칙의 조정이 아니라, 실패를 '과정'으로 인정하는 철학적 전환이라 할 수 있다.

요약하면 **2011년의 NRF 펠로십이 '선발된 소수의 절대적 우수성'을 강조하는 구조였다면, 2025년의 NRF 펠로십은 '유연성과 포용성 속에서의 전략적 파트너십'을 강조하는 제도로 진화했다.** 이러한 변화는 싱가포르가 글로벌 과학 생태계에서 어떤 미래를 지향하는지 보여준다고 할 수 있다.

표 1.2 NRF 펠로십 제도의 변화

항목	2011년	2025년
펀딩 규모	최대 370만 싱가포르달러	최대 325만 싱가포르달러(간접비 포함)
재신청 가능성	탈락 시 재신청 불가	조건 충족 시 재신청 허용
펀딩 중복 수혜 가능성	과학기술청 펠로십 등 유사 수준 펀딩 수혜자 신청 제한	기존 펀딩 수혜자도 일부 중복 허용, 단, 수혜 시 통합 적용
호스트 기관 요건	펠로십 수상 이후 호스트 기관 확정 가능	신청 단계부터 확약서 필요
경력 요건	박사 학위 취득 후 최대 7년 이내	박사 학위 취득 후 최대 7년 이내, 다만 육아·질병 등으로 연장 가능

평가 방식	국제 심사단 평가 및 개별 인터뷰	국제 심사단 평가 및 개별 인터뷰 + 온라인 평가 절차 간소화 및 기관 – 연구자 간 조율 체계 강화
철학적 강조점	개별 연구자의 탁월함	개인 연구자를 중심으로 하되, 사회·정책 연계성 및 장기 리더십 강조

그리고 내게 있어 그 모든 시작점은 샌프란시스코 공항에서 나눈 단 한 마디였다.

"조건은 당신의 얼굴을 본 것으로 충족됐습니다."

이는 협상의 언어가 아니라, 나라는 과학자의 존재 방식을 드러낸 선언이자, 경계를 넘는 여정의 시작이었다.

배우자까지 고려하는
채용 전략

프레디 보이 교수가 샌프란시스코 공항에서 패키지를 만들어 보낸다고 말하고 몇 주 뒤 나는 '슈퍼스타 패키지'라는 이름의 오퍼 패키지를 받았다. 처음엔 농담인 줄 알았다. 하지만 시간이 지나며 이 표현의 진의를 실감했다. 단순히 연구비나 스타트업 자금, 공간을 제공하는 것이 아닌, 내 삶 전체를 고려한 채용 제안이었다는 점에서였다.

난양공대는 외국 인재 유치를 위한 전략으로 'Buy One Get One(한국에서 자주 쓰는 표현으로는 '원 플러스 원')'이라는, 다소 장난스러운 표현을 진지하게 실천했다. 외국인 연구자 본인뿐 아니라, 그의 배우자 역시 난양공대 시스템에서 함께 성장할 수 있도록 설계했다는 뜻이다. 다시 말해 **단순히 '유능한 과학자 한 명을 채용'하는 것이 아니라, '그 과학자가 싱가포르에 정착해 공동체의 일원이 되도**

대학의 미래는 싱가포르에 있다

록 만드는 전체 생태계를 구성'하는 것이다.

인재는 혼자 움직이지 않는다

내가 난양공대와 계약을 논의할 당시 받은 질문 중 하나는 "배우자는 어떤 일을 하고 계십니까?"였다. 그저 예의상 묻는 줄 알았지만 아니었다. 학교는 배우자의 경력을 면밀히 검토했고, 그가 싱가포르에서 어떤 역할을 맡을 수 있을지 능동적으로 고민했다.

내 배우자인 박유현 박사는 당시 한국에서 '인폴루션 제로 Infollution ZERO'라는 디지털 윤리 관련 비영리 조직을 운영하고 있었다.[25] 디지털 세상에서 정보의 범람, 가짜 뉴스, 청소년의 중독성 문제 등에 대응하는 운동을 했고, 개인적으로도 이 일에 큰 애정을 갖고 있었다. 나는 싱가포르에 올 경우, 나는 난양공대에 합류하고 박유현 박사는 현지에서 인폴루션 제로 활동을 지속하면 된다고 생각했다. 그러나 상황은 예상과 다르게 흘러갔다. 난양공대는 박유현 박사의 활동을 단순한 '동반자 프로젝트'로 보지 않았다. 그가 독립적인 경력과 문제의식을 갖춘 사람이라는 점에 주목했고, 교수직 제안을 공식화하려고 했다. 하지만 그는 명확하게 거절했다. '디지털 세상에서 청소년과 가족을 보호하는 운동을 더 확장하고 싶다'라는 이유에서였다.

이러한 태도에 학교 측은 다소 놀란 눈치였다. 통상적으로 사람들은 부부가 동시에 교수로 임명되는 것을 이상적인 시나리오로 여기고, 그것이 채용하는 측에도 안정감을 주기 때문이다. 하지만 난양공대는 그 거절을 무시하거나 덮지 않았다. 오히려 박유현 박사의 의도를 존중하며 새로운 전략을 짰다. 몇 차례의 면담 끝에 총장 직속 전략기획실에서 박유현 박사에게 전략 디렉터 자리를 제안했고, 동시에 '분자과학 프런티어 프로그램Molecular Frontiers Program'이라는 혁신 프로젝트의 디렉터도 맡도록 했다.

더 나아가 박유현 박사는 디지털 시민성 개념인 '디지털 지능Digital Intelligence Quotient, DQ'을 정립하고자 했기에, 난양공대는 100만 싱가포르달러가 넘는 초기 펀딩과 별도의 전용 공간을 제공했다. 지금은 세계 여러 국가에서 채택된 DQ가 그렇게 시작됐다. 졸지에 배우자를 평교수보다 높은 전략 디렉터라는 상전으로 모시게 되는 순간이었다. 이는 그저 하나의 파격적인 사례가 아니라 대학이 어떻게 인재를 키울지에 대해 고민한 결과였다. 만약 한국이었다면 어땠을까?

이처럼 난양공대의 전략은 단순한 '배우자 배려'의 차원을 넘어선다. 외국 인재가 실질적으로 싱가포르에서 살아가며 일할 수 있도록 배우자의 삶, 경력, 꿈까지 지원하는 구조다. 즉 정착을 넘어서, 정주定住를 가능케 하는 전략이다.

다른 나라들은 어떤가?

이와 같은 '동반자 전략'은 미국의 주요 대학에서도 관찰된다. 예일, 스탠퍼드, MIT 같은 대학들은 전문직 직장인 부부dual career couple 지원 제도를 갖추고 있다. 특히 미국에서는 부부가 같은 학교에서 일하는 것에 대한 거부감이 상대적으로 적고, 연구 중심 대학일수록 이를 장려한다. 나는 스탠퍼드 박사후 연구원 시절, 동료 연구자 부부가 함께 테뉴어 트랙으로 입직한 사례를 여러 번 보았다. 이스라엘은 가족 단위 과학자 유치에 있어서 더 실용적이다. 특히 바이츠만 연구소, 테크니온 등은 부부 연구자에 대한 지원을 아예 별도로 구분하고 있다. 기초과학 중심 연구소일수록 '팀 유치' 전략을 쓰기 때문이다. 다만 이 경우에는 부부의 연구 시너지가 가장 중요한 평가 항목으로 작용한다.

그러나 한국은 사정이 다르다. 내 제자인 조슈아 잭먼Joshua Jackman은 한국의 한 대학에서 교수직 제안을 받을 당시, 자신의 배우자도 함께 임명되기를 원했다. 그의 배우자 역시 내 제자로서 연구 역량이 뛰어났다. 그러나 학교 측은 이해관계 충돌이라는 이유로 이를 거절했고, 결국 그는 한국의 다른 대학에 임용되어 연구를 진행 중이다. 미국에서는 흔한 일이고,[26] 싱가포르에서는 전략적으로 활용되는 것이 한국에서는 여전히 제도적 한계에 부딪히는 것이다.[27]

난양공대의 '원 플러스 원' 전략은 단순한 유머가 아니다. 그것은 싱가포르가 외국 인재를 받아들이는 방식이, 더 나아가 그들 '삶의 구조'를 설계하는 관점 자체가 실용적이고 유연하다는 것을 보여주는 사례다. 즉 인재 유치가 단지 능력 있는 사람을 데려오는 일이 아니라, 그 사람이 삶의 균형을 유지하며 커뮤니티에 뿌리내릴 수 있도록 시스템을 만드는 일이라는 점에서 한국의 인재 유치 제도와 본질적으로 다르다.

표 1.3 미국 유수 대학의 동반자 지원 프로그램

대학	운영 부서 / 주관	지원 대상	주요 서비스	특징
코넬[28]	인사처(Office of Human Resources, Employee Experience Team)	• 배우자/파트너가 코넬의 테뉴어·테뉴어 트랙 교원직 또는 페이 밴드 H 이상 비학문직(2년 이상 계약) 제안을 받거나 임용된 경우	• 코넬 및 지역 고용주 구직 정보 제공 • 이력서·커버 레터·면접 코칭 • 네트워킹, 정보 인터뷰 주선 • 코넬 내 듀얼 커리어 후보자 식별 및 채용 담당자 연락 • UNY HERC(Upstate New York Higher Education Recruitment Consortium) 연계	• 임시직·단기직 제외, 첫 정규직 확보 시까지 지원 • 학문직/비학문직 모두 가능

카네기 멜론[29]	인사처 & 교원 담당 부총장실(Office of Human Resources & Office of the Vice Provost for Faculty)	• 배우자/파트너가 신규 채용된 풀타임 카네기멜론대 교원·직원이며, 피츠버그 지역으로 최근 이주한 경우 • 피츠버그 지역에 고용된 경우는 제외	• 커리어 상담 • 카네기멜론대 내·외부 인사 및 지역 대학·산업·커뮤니티 네트워킹 연결 • 일반 구직 지원 및 코칭	• 일부 경우에만 교원 듀얼 커리어 지원금 가능(사안별 심사) • 피츠버그 지역 내 34개 대학과 연계 가능
하버드[30]	교원 개발실(Office for Faculty Development, Faculty of Arts and Sciences)	• 배우자/파트너가 FAS의 테뉴어 트랙 또는 시니어 교수직 제안을 받거나 임용된 경우	• 이력서/커버 레터 검토 • 전문 네트워크 구축 지원 • 하버드 및 인근 기관 채용 담당자 연결 • 정보 인터뷰 주선 • 뉴잉글랜드 HERC 네트워크 활용 (70여 개 기관)	• 학문직·비학문직 모두 지원 가능 • 이주 결정 시점에서 조기 상담 권장

싱가포르는 사람 데려오는 일을 시스템적으로 접근한다. 경력을 갖춘 사람뿐 아니라 그의 삶, 가족, 미래를 통째로 데려오는 전략. 그 핵심에는 이런 믿음이 있다.

"인재는 혼자 움직이지 않는다."

이 부분은 한국에서도 생각을 해볼 여지가 있다.

헬퍼, 도시국가의
삶을 지탱하는 사회 인프라

2011년, 나는 어린 두 자녀와 함께 싱가포르로 이주했다. 첫째는 2007년생, 둘째는 2009년생으로, 아직 유치원에도 다니지 않는 나이였다. 나와 아내 모두 풀타임으로 일하는 상황에서 아이들의 일상과 가사를 전담할 사람이 필요했다. 미국에 살 당시에는 아이를 돌봄 시설에 맡기고 퇴근 후 데려오는 방식으로 하루하루를 보냈지만, 싱가포르에서는 전혀 다른 방식이 가능했다. 바로 '헬퍼helper' 제도였다.

외국인 가사도우미를 가족의 일상에 통합하는 이 시스템은 처음에는 낯설었지만, 점차 우리 삶의 기본 구조로 자리 잡았다. 그리고 시간이 지날수록 이 제도가 단순한 가사노동 지원을 넘어, 도시국가 싱가포르가 설계한 하나의 사회 인프라이자 공동체 구조라는 사실을 체감했다.[31]

처음 난양공대에 도착했을 때 가장 먼저 깊은 인상을 받았던 곳은 다름 아닌 교직원 주거 공간이었다. 학교에서 붙여준 전담 상담 직원이 싱가포르 생활에 대한 궁금증이 있을 때마다 설명과 더불어 전반적인 관리를 할 때였다. 스태프는 나를 데리고 학교 내 주거 공간을 하나씩 소개했다.[32] 순서는 흥미로웠다. 6개의 클러스터(Nanyang Grove, Heights, Meadows, Terrace, View, Tan Lark Sye Walk)를 아파트형부터 시작해 주거 품질이 좋은 곳으로 순차적으로 안내해 주었다. '덜 좋은 것부터 보여준 후 더 나은 것으로 끌어올리는' 기대값 상승의 구조였다. 마지막으로 안내한 곳이 바로 우리가 정착하게 된 난양 뷰Nanyang View였다.

난양 뷰는 2층 타운하우스 형식으로, 당시에는 다소 낡은 느낌이었고 내부 가구도 오래된 것처럼 보였다. 에어컨은 방마다 설치되어 있었지만, 1층에는 없었다. 그러나 커튼도 없는 커다란 창문 너머 펼쳐진 장면은 진정으로 나를 놀라게 했다. 어떤 이웃집도, 인공 구조물도 보이지 않았다. 그저 울창하게 얽혀 있는 수풀, 정글처럼 뒤엉킨 나무와 바람 소리뿐이었다. 이 속에서 우리는 자연스럽게 차도 없이, 커튼도 없이, 심지어 집 문도 종종 잠그지 않은 채로 '3무無 생활'을 시작했다. 싱가포르라는 도시국가의 안전함도 한몫했다. 난양공대 캠퍼스 내에서의 삶은 마치 숲속 전원주택에 사는 듯했다.

집을 둘러보다가 아주 특이한 공간이 눈에 띄었다. 일반적인 방은 아니고 창고라고 하기에는 구조가 짜임새 있었으며, 설계 자체가 어떤 목적을 띠고 있음을 알아볼 수 있는 공간이었다. 마치 미국 컬럼비아대의 국제 기숙사에 있는 단신 유학생용 방과 흡사하게 길쭉한 형태로 배치되어 있었고, 간단한 침대 하나와 책상 하나를 놓으면 꽉 차는 독립된 공간이었다. 방 옆에는 작은 욕실이 딸려 있었고, 이 모든 구조는 주방 바로 옆에 붙어 있었다. 처음에는 단순히 특이한 여분 공간인가 싶었는데, 나중에 알게 된 이 공간의 정체는 바로 헬퍼 숙소helper quarters였다. 즉 싱가포르에서 흔히 가사 노동을 도와주는 헬퍼가 머무를 수 있도록 설계한 전용 공간이었던 것이다.

싱가포르의 주거 문화와 연동된 헬퍼 숙소는 단순한 건축 옵션이 아니라, 철학적이고 제도적인 판단에 기반한 공간이었다. 싱가포르에서는 많은 가정이 헬퍼와 함께 생활하며, 이는 가족 구성원의 직장·육아·노인 돌봄 등에 대한 부담을 분산하는 제도로 정착했다. 난양공대의 교직원 주거 공간 역시 이러한 사회적 현실과 주거 수요를 고려해 모든 클러스터 단지 내 주택 유형에 헬퍼 전용 거주 공간을 배치했다. 공간의 기능은 물론 사회적 맥락까지 감안한 설계였다.

헬퍼 숙소가 주방 옆에 자리한 이유는 명확하다. 헬퍼의 주요 역할이 식사 준비, 청소, 정리 같은 가사 활동이기 때문이다. 가장 오랫동안 머무는 주방 근처에 그들의 독립적인 생활공간을 두는

대학의 미래는 싱가포르에 있다

것은 매우 실용적인 배치다. 그렇지만 이 공간이 동시에 화장실을 포함하는 완전한 사적 공간으로 분리되어 있다는 점은 단순한 거주 공간을 넘어 헬퍼의 생활권과 인격을 존중하는 공간을 만들고자 하는 설계 철학을 반영한 것이다.

나의 경우, 처음에 이 방의 존재를 알고 놀랐지만 곧 그것이 기능적 공간이 아니라 싱가포르 사회가 가족·노동·주거를 어떤 식으로 통합하고 있는지 보여주는 상징적 장치라는 사실을 깨달았다. 어떤 이에게는 그저 작은 방일 수 있겠지만, 그 공간은 싱가포르의 다문화 사회와 도시국가적 실용주의가 집약된, 난양공대 캠퍼스라는 살아 있는 실험실에서 살아 숨 쉬는 싱가포르의 구조적 표현이었다.

우리가 거주하던 교수 아파트 단지 중심에는 원형 놀이터가 자리 잡고 있었다. 놀이터는 단순한 유희 공간을 넘어 아이들과 헬퍼, 그리고 교수 가족이 자연스럽게 교류하는 공동체의 중심이었다. 이곳에는 또래 아이들이 많았는데, 아이들은 매일같이 7명에서 10명씩 떼를 지어 놀이터에 모였다. 점심시간이 되면 각 집을 돌아가며 식사를 함께 했고, 밤에는 서로의 집에서 자기도 했다. 아이들에게는 말 그대로 천국 같은 곳이었다.

어느 날, 한 동료 교수에게서 이메일이 왔다. 운동장에 플래카드가 걸렸다는 것이다. '위험하니 네트에 올라가지 마시오.' 이와 함께 사진 한 장이 첨부되어 있었다. 흐릿한 그 사진 속에는 높게 설치된 네트 위에 아이들이 마치 참새 떼처럼 이곳저곳에 앉아 있었고, 맨 위에 가장 위태롭게 올라가 있는 아이는 다름 아닌 우리 아들이었다. 당연히 아이에게 주의를 주어야겠다고 생각하던 찰나, 스웨덴 출신 교수의 메시지가 이어졌다. 그는 아이들의 인권을 언급하며, 학교가 이처럼 위협적인 플래카드를 설치한 것에 항의해야 한다고 주장했다. 그 순간 나는 이 작은 커뮤니티 안에서도 문화적 관점과 공동체 규범, 그리고 아이들의 자유와 안전과 관련해 시간을 들여 토의를 할 수 있다는 것을 깨달았다.

다양한 문화와 사상이 공존하는 이러한 공동체가 가능했던 근본적 이유는 헬퍼 제도가 정교하게 설계되어 있었기 때문이다. 싱가포르에서 외국인 가사도우미를 고용하기 위해서는 고용주가 시민권자 또는 영주권자여야 하며, 일정 수준 이상의 소득을 증빙해야 한다. 고용 전에는 고용주 대상 오리엔테이션 프로그램을 이수해야 하고, 대개는 공인된 에이전시를 통해 고용 절차가 진행된다. 도우미로 등록할 수 있는 사람은 대부분 필리핀, 미얀마, 인도네시아 등지에서 온 여성으로, 만 23세에서 50세 사이, 중등학교 이상의 학력을 갖추고, 기본적인 영어 소통이 가능해야 한다.

고용주 측은 초기 비용으로 항공료, 비자 발급비, 건강검진비, 중개 수수료, 보험료 등을 포함해 약 3,000에서 5,000싱가포르달러를 부담해야 한다. 또 고용주는 정부가 요구하는 보증금 5,000싱가포르달러의 보험에 가입해야 하며, 도우미의 의료보험과 상해보험도 반드시 제공해야 한다. 생활 측면에서도 일정 수준의 독립 공간이나 최소한의 프라이버시가 보장되는 공간을 제공해야 하며, 매월 최소 하루 이상의 유급 휴일을 제공하거나 그에 상응하는 금전적 보상을 해야 한다. 급여는 평균적으로 월 500에서 1,000싱가포르달러(2025년 기준)이며, 이는 국적이나 경력, 언어능력에 따라 차이가 있다.[33]

표 1.4 싱가포르의 헬퍼 제도 구조(2022년)[34]

구분	내용
고용주 요건	• 만 21세 이상, 파산 상태가 아니어야 함 • 고용 책임을 이해할 수 있는 정신적 능력 보유 • 돌봄 필요성(노인, 아동) 및 경제적 능력 심사 포함
첫 고용자 요건	• 고용주 오리엔테이션 프로그램(EOP) 이수 필수
헬퍼 자격 요건	• 여성 • 만 23세 이상~50세 미만, 공인된 교육 8년 이상 이수 • 인도네시아, 필리핀 등 승인된 국가 출신 • 싱가포르 내 친인척 고용 불가
고용 절차 (8단계)	1. 직접 고용 또는 에이전시 이용 여부 결정 2. 적합한 헬퍼 선발 3. 노동 허가 신청 + 보험 및 보증금 준비 4. 도착 후 건강검진 · 정착 프로그램(SIP) 이수 5. 근로 계약서 및 안전 서약 체결 6. 급여 지급 체계 마련 7. 업무 지시 및 가사 규칙 설명 8. 정기적 소통 및 관리
고용 계약 내용	• 급여, 휴일, 해지 조항 포함, 서면 계약서 및 안전 서약서 작성 필수 • 고용 평균 임금: 450~700싱가포르달러

임금	•임금은 전액 제때 지급 •음식, 약 등 비용 무단 공제 금지 •계좌 개설 권장
휴식일 규정	•월 최소 1일 유급 휴식일 필수 •나머지 휴일은 급여 보상으로 대체 가능 •반나절 휴식 또는 유연한 사용 가능
숙소 조건	•프라이버시 보장 및 위험 요소 없음 •환기, 기본 침구 및 위생용품 제공 •남성 성인과 같은 방 사용 금지 •CCTV 설치 시 사전 고지 필수
식사	•하루 세끼 필수 제공 •문화·종교적 식사 금기 사항 고려
의료보험	•연 6만 달러 이상의 입원 및 수술 의료보험 •개인 상해보험(6만 달러 보장) 필수, 백신 등 건강관리 지원 권장
건강검진	•6개월마다 건강검진 필수(HIV, 임신, 성병 등) •50세 이상은 갱신 시에만 검진
세금	•일반: 월 300달러 •2인 이상 고용 시: 월 450달러 •감면 대상(노인, 아동 등): 월 60달러 •지로(GIRO)로 자동 납부 권장
특별 고용 제도	•합산소득제: 가족과 소득 합산 가능 •후원제: 고령자 비소득층의 대리 고용 허용

헬퍼 급여는 싱가포르의 중산층 가정에게는 비교적 감당 가능한 수준이지만, 도우미의 출신국에서는 매우 큰 금액이다. 필리핀이나 미얀마 농촌 여성 노동자의 평균 월 소득의 최대 약 17배에 해당한다.[35] 실제로 우리와 함께했던 필리핀 출신 헬퍼는 급여로 고향에 집을 장만했고, 결혼 자금을 모았으며, 가족 전체의 생계를

지탱했다. 미얀마 출신 헬퍼 역시 비슷한 상황이었고, 그들은 '이곳에서 일하면서 가족의 운명을 바꿀 수 있었다'라고 이야기하곤 했다. 이 제도는 헬퍼 개인에게는 경제적 자립의 수단이며, 고용주에게는 육아와 가사 부담을 덜어주는 제도적 안전망으로 작동한다. 흔히 오해하듯 **저렴한 인건비로 외국인을 착취하는 구조가 아니라, 서로의 필요가 제도적으로 조율된 윈-윈 구조**인 셈이다.

한국과 비교해보면 차이가 더욱 두드러진다. 한번은 한국 공무원 팀이 난양공대를 방문해서 헬퍼 제도를 두고 이야기를 나눈 적이 있다. 헬퍼 제도가 너무 좋아서 공무원들이 주재원으로 가고 싶어 하는 곳 중 하나가 싱가포르라는 등 여러 이야기를 하면서, 한국은 인권을 중시하기 때문에 싱가포르 같은 시스템을 실시할 수 없다는 이야기도 나왔다. 이 이야기를 들은 나는 왜 이런 시스템이 한국에는 도입되지 않는가 하는 의문이 풀리기 시작했다.

그들은 이런 이유로 일부 주재원 가족은 한국에 가기 싫어한다며, 한국은 국제노동기구의 가사노동자 협약에 가입되어 있어 외국인 가사 노동자에게도 내국인과 동일한 최저임금과 노동권을 보장해야 한다고 덧붙였다.[36] 그 결과, 24시간 상주형 도우미를 고용하려면 월 기백만 원 이상의 비용이 소요되며, 이는 중산층 가정이 부담하기에는 매우 높은 수준이다. 결국 실질적으로는 이러한 제도가 존재하지 않는 것이나 다름없으며, 그 결과 육아와 가사 부담은 여전히 가족, 특히 여성에게 집중된다. 반면 홍콩 등은 해당 협약에 가입하지 않아 싱가포르와 유사한 구조를 유지하고 있으며, 제도적 유연성이 상대적으로 높다.

표 1.5 세계 헬퍼 제도 비교

국가	고용주 요건	헬퍼 요건	주요 제도적 특징	제도적 유연성
싱가포르	• 만 21세 이상 • 파산자 아님 • 정신적 능력 보유 • 재정 능력 및 돌봄 필요성 갖춤 • 첫 고용 시 교육 이수	• 23~50세 여성 • 승인된 출신국 • 8년 이상 교육 • 초고용자는 입국 전 정착 프로그램 이수	• 고용 전후 8단계 절차 • 계약서 및 안전 협약 필수 • 월별 세금 부과 • 법적 휴식일 보장	• 높음: 직접 고용 또는 중개업체 선택 가능, 신속한 승인 절차, 유연한 휴일 조율 가능
홍콩	• 18세 이상 • 일정 소득 요건 필요 • 등록 후 고용 허가 필요	• 18~60세 여성, 승인된 출신국 • 중등 교육 이상 • 건강검진 필수	• 법적 고용 계약 필수 • 주 1회 휴식 보장 • 퇴직금 및 계약 종료 조건 명시	• 보통: 중개업체 중심 고용 구조, 엄격한 고용 계약 관리
일본	• 소득 요건 및 직업 필요성 평가 기반 고용 허가	• 자격 요건 거의 없음	• 정부가 중개 기관 역할 • 고용 필요성과 소득 조건 등 심사 후 고용 승인	• 낮음: 외국인 가사도우미 고용 극히 제한적, 고용 승인 절차 복잡
말레이시아	• 고용주 등록 필요 • 계약 조건 명확히 작성, 사전 승인 필요	• 출신 국가에 따라 다르나, 보통 교육 수준 및 건강검진 요건 있음	• 민간 고용 중개소 등록제 • 수수료 상한제 운영 • 계약 조건 정부의 사전 승인 필요	• 보통: 등록제 기반이나 절차 존재, 유연한 계약 조건 설정 가능

문제는 '인권'을 어떤 관점으로 어떻게 적용할 것인가다. 한국은 인권을 이유로 외국인 도우미의 저임금 고용을 허용하지 않지만, 그로 인해 발생하는 육아 공백과 여성의 경력 단절은 누가 책임지는가? 헬퍼 당사자는 본국에서는 받을 수 없는 급여를 통해 가족을 부양하고 미래를 설계할 수 있으며, 고용주는 그들의 전문성과 성실성에 기반한 안정된 생활을 영위할 수 있다면, 그것을 정말로 '착취'로 바라보는 것이 옳은가? 오히려 공정한 제도 아래에서 운영되는 국제 가사 노동 시스템은 세계적 불균형 속에서도 가능한 '공존의 해법'일 수 있다. 중요한 것은 고용주와 노동자 간의 권리-의무가 제도적으로 균형을 이루고, 제3자의 감독이 충분히 작동하는 시스템을 설계하는 일이다.

헬퍼는 우리 가족의 일상이었고, 아이들 성장의 일부였으며, 때로는 우리가 부재한 시간 동안 아이들의 버팀목이었다. 7년간 함께한 필리핀 헬퍼는 어느새 큰아들의 학교 행사에 함께했고, 우리가 해외 출장을 다녀오는 동안 아이들의 정서를 책임지기도 했다. 헬퍼가 고용인이 아니라 우리 삶의 일부가 된 이유는 바로 정교한 '제도' 때문이었다. 싱가포르는 헬퍼 제도를 개인의 선택이 아닌 국가정책으로 보고 설계했고, 이를 통해 가족, 공동체, 여성의 노동, 그리고 국제 이주 문제를 하나의 틀 안에서 엮어냈다.

나는 한국 사회가 저출산, 고령화, 양극화의 위기에 직면한 이 시점에서, 싱가포르의 헬퍼 시스템은 단지 외국인 노동 문제를 넘어 '삶을 어떻게 설계할 것인가'라는 본질적 질문에 대해 하나의 실험적 해답을 제시하고 있다고 생각한다. 이 제도를 한국에 그대로 이식하는 것이 가능하다고는 말할 수 없지만, 그 구조적 의의와 정책적 시사점은 결코 간과되어서는 안 될 것이다. 헬퍼는 단순히 우리를 돕는 사람이 아니다. 그들은 함께 살아내는 시간 속에서 우리 삶을 함께 구성하는 생활의 동반자다.

싱가포르의 헬퍼 제도는 단지 외국인 노동력을 활용하는 제도가 아니라, 도시국가 삶의 구조를 설계하는 정책 실험이다. 고용주의 소득기반을 전제로 하되, 고용-피고용 관계를 제도적으로 안전하게 만들고, 그 안에서 육아·가사·이주·여성 노동의 경계를 조율하는 실천 모델이다. 이 제도가 제공하는 정책적 메시지(삶을 함께 설계하는 사회 인프라의 가능성)는 분명 지금의 위기 앞에 진지하게 고민해볼 가치가 있다.

2

혁신 대학은
어떻게 작동하는가

난양공대의 운영 구조

난양공대의 리더십 구조는 행정 효율만을 위한 것이 아니다. 난양공대가 '대학'이라는 틀을 넘어, 국가 전략 플랫폼이자 글로벌 협력 허브로 작동하기 위한 시스템이다.

난양공대의 토대를 다진
삼각 리더십 구조

2011년대 초, 난양공대는 단순한 이공계 중심의 젊은 대학에서 글로벌 학문 허브로 도약하기 위한 전략적 전환점에 서 있었다. 당시 난양공대의 경쟁력은 예산이나 건물의 규모가 아니라 전략적인 조직 구조에 기반한 리더십 시스템에서 나왔다.[1] 다시 말해 난양공대는 '브랜딩 과학branding science'이라는 이름 아래, 외부와의 소통 방식뿐만 아니라 내부 운영 구조를 통해서도 정체성과 경쟁력을 만들어가고 있었다.[2]

특히 난양공대는 역사와 전통에 구속되지 않는 '젊음'이라는 특성을 십분 활용했다. 전통적인 대학이 기존 틀을 유지한 채 리더십 체계를 미세하게 조정해가는 것과 달리, 난양공대는 처음부터 제도적 실험이 가능했다.

필자가 난양공대에 처음 합류한 2011년 당시의 리더십 구조

대학의 미래는 싱가포르에 있다

는 단순히 기능을 나누는 수준이 아니라, 조직 전체를 삼각축 구조 Triple Helix로 설계한 전례 없는 방식이었다.[3]

당시 총장, 프로보스트, 그리고 비서실장Chief of Staff은 각기 다른 기능을 대표하면서도, 모든 전략적 결정을 함께 내렸다. 삼두정치에 가까운 형태였다. 특히 스웨덴 출신의 베르틸 안데르손 총장은 유럽형 학문 자율성과 글로벌 어젠다 중심의 리더십을 제시했고, 이를 싱가포르 출신의 프로보스트와 비서실장이 현지 행정 시스템 및 실행 구조와 조화롭게 결합했다.[4] 이 과정을 필자는 '외국 셰프가 고안한 요리를 로컬 셰프들이 현지의 양념과 조리법으로 버무려 완성하는 과정'이라고 표현한 적이 있다. 이 3명은 누구 하나가 위계적으로 지시하며 따르게 하지 않고, 각자의 책임 안에서 협의와 실행을 유기적으로 반복했다.

난양공대의 대표적인 조직 실험 사례가 바로 프레디 보이의 파격적인 승진이다. 그는 재료과 교수 출신으로 많은 행정 경험을 지닌 인물이 아니었지만, 혁신과 산업 협력 부문에서 뛰어난 성과를

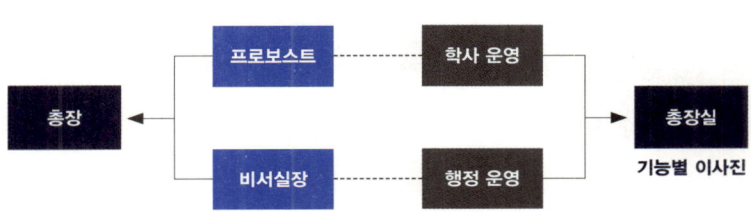

그림 2.1 난양공대 리더십 구조(2011년)

인정받아 학과장에서 5단계를 뛰어넘어 부총장직에 올랐고, 이후 총장 대행acting president까지 수행했다.[5] 난양공대가 얼마나 유연하게 리더십 구조를 실험하고 적용했는지 보여주는 단면이었다. 나는 이 과정들을 가까이에서 지켜보았고, 때로는 그 의사 결정 테이블에 함께 앉아 있었다. 당시 난양공대는 급격히 비상하면서 이런 구조를 통해 빠르게 결정을 내리고 실행해서 결과를 내는 시기였다.

세 축을 중심으로 운영되던 2011년의 난양공대는 총장실 안에 기능별 이사진을 배치했다. 이들은 정책, 정부 협력, 커뮤니케이션 등의 기능을 담당하며 각 축을 보좌했고, 실질적으로는 총장실이 대학 전체의 전략 허브 역할을 수행했다.[6] 이러한 삼각축 시스템은 전통 대학에서 보기 힘든 실행력과 유연성을 동시에 확보하게 했으며, 난양공대가 10년도 지나지 않아 아시아 최고 수준의 연구 중심 대학으로 자리매김할 수 있게 해준 내부 역학의 핵심이었다.

난양공대의 리더십 구조는 외형적으로는 단순해 보이지만, 내 경험상 매우 정교하고 전략적으로 구성되어 있다. 각 부총장이 담당하는 프로그램과 예산은 명확히 분리되어 있지만, 동시에 전체 전략에 통합되도록 설계되어 있다. 나는 산업 부총장VP, Industry의 프로그램 설계를 함께 하며 이러한 구조의 효율성과 융통성을 실감했다.[7]

각 부총장이 실질적인 전략 기획자이자 실행자 역할을 수행한다는 점에서 난양공대는 단순한 행정 조직이 아닌 전략 운영 조직이라 할 수 있다.[8]

난양공대를 혁신한
글로벌 학문 리더

2017년 7월, 난양공대 이사회는 베르틸 안데르손 총장의 뒤를 이어갈 인물로 수브라 수레시Subra Suresh 박사를 선임했으며, 그는 2018년 1월 1일 제4대 난양공대 총장으로 공식 취임했다. 수레시 박사는 동시에 난양공대 최초의 석좌교수Distinguished University Professor로 임명됐는데, 이는 난양공대가 부여하는 가장 높은 학문적 영예로 그의 교육·연구 성과와 리더십을 인정하는 상징이었다.[9]

수레시 박사는 인도 뭄바이 출신이며, 어린 나이에 인도공과대에서 학부 학위를 마치고 미국 아이오와주립대(M.S)와 MIT(ScD)에서 기계공학 분야를 수학했다. 이후 그는 MIT, 국립과학재단, 카네기멜론대, 그리고 난양공대에 이르기까지 학계, 연구기관, 그리고 고등교육 리더십의 정점에서 경력을 이어왔다.[10]

MIT 공과대학의 학장으로서 그는 스마트SMART, Singapore-MIT Alliance for Research and Technology 센터 설립 등 글로벌 R&D 플랫폼 조성에 크게 기여했다. 오바마 정부 시절에 미국 국립과학재단 총재로 임명되어 2010년부터 2013년까지 이노베이션 콥스I-Corps 프로그램을 포함한 혁신형 연구 지원 체계를 구축하며 국제 과학 커뮤니티에서 리더십을 발휘했다.[11] 2013년부터 2017년까지는 카네기멜론대 제9대 총장으로서 여성 공학 인력 확대, 총장 장학금 & 펠로십 설립, 대규모 캠퍼스 인프라 구축tepper quadrangle 등을 통해 포용성과 혁신을 동시에 강화했다.[12]

취임 후 수레시 박사가 처음 난양공대에 왔을 때의 모습이 지금도 생생하다. 그는 단순히 행정 업무를 넘겨받는 것이 아니라, 과학자로서의 본성을 그대로 유지한 채로 난양공대의 대표 실험실 5개를 직접 방문했다. 그중 한 곳이 바로 나의 연구실이었다. 그는 내가 발표하는 내용을 직접 듣고 싶다며 우리 그룹의 운영 구조와 연구 방향에 깊은 관심을 보였다. 발표를 마친 후, 그가 특히 흥미를 느낀 주제는 '꽃가루 기반 소재 개발'이었다. 당시만 해도 전 세계를 통틀어 꽃가루를 재료로 활용하려는 시도는 우리 그룹이 최초였다.

그는 발표가 끝난 뒤 나를 따로 불렀고, 매우 직설적으로 말했다. "내가 펀딩할 테니, 우리 함께 연구합시다." 나는 그 순간 매우 당황했다. 일반적으로 총장이 될 사람은 대학의 운영에 집중하지,

연구에 직접 참여하지는 않기 때문이다. 그런데 그는 자신이 MIT 와 카네기멜론대에서도 연구실을 운영 중이며, 난양공대에서도 자신만의 연구실을 만들겠다고 했다. 이 발언은 당시에는 다소 파격적으로 느껴졌지만, 알고 보니 그가 총장직을 맡는 조건 중 하나가 본인의 연구실을 열 수 있는 펀딩이었다. 그 펀딩은 상당 부분 내 연구실로 연결됐고, 덕분에 나는 대략 200만 싱가포르달러 규모의 연구비를 가지고 꽃가루 소재 연구를 더욱 자유롭게 추진할 수 있었다.[13] 현재도 그 인연을 이어서 '인간×AI'를 주제로 연구를 함께 진행 중이다.[14]

이러한 리더십으로 수레시 박사는 정책적 연속성을 확보하면서 연구자에게도 직접적인 영향을 주었다. 단절 없는 리더십 이양이란 결국 단순히 자리를 넘겨주는 것과 달리, 철학과 실천을 함께 전달하는 일이라는 점을 그로부터 배울 수 있었다.

수레시 박사는 난양공대에서 스마트 캠퍼스 전략을 본격화해 자율 전기 버스, 친환경 건축, 로보틱스 등을 대학 캠퍼스에 구현했다. 연구 재정은 연속 기록을 경신했고, 난양공대 연구 논문은 상위 저널 게재량이 전 기간 대비 2배 증가했다. 또 그는 선도 연구자 유치를 위한 난양공대 총장 박사후 연구원 펠로십Presidential Postdoctoral Fellowship 프로그램을 도입해, 인재 확보와 지속 가능성 전략을 난양공대 2025 비전과 연계해 실천했다.

대학의 미래는 싱가포르에 있다

부총장 체계와
전략적 기능 분화

수레시 박사의 등장은 난양공대
의 리더십 구조에 깊은 전략적 여운을 남겼다. 그는 과거의 삼각축
체제(총장-프로보스트-비서실장) 중심 조직에서 현대적 대학 운영 체
계로의 변화를 가속했다. 난양공대의 규모가 점차 커지고, 내부 시
스템이 정착되면서 초기의 삼각축 체제는 병렬적이고 기능 중심의
분화형 구조로 진화했다. 기능을 제대로 수행하는 것이 전략적 의
사 결정 속도보다 중요하다는 판단에 기인해 조직은 다양한 기능
을 안정적으로 조율할 수 있도록 정렬됐고, 이에 따라 리더십 구조
도 대폭 조정됐다. 그 결과 지금의 **난양공대는 총장을 정점으로 프
로보스트, 기능별 부총장Vice Presidents, VP, 그리고 최고운영책임
자Chief Operating Officer, COO라는 4대 축이 조화롭게 운영되는 체
계로 정착했다.** 즉 수레시 박사는 삼각 리더십 모델을 기반으로 한

내부 구조를 기능별 리더십이 상호 정렬된 병렬형 리더십 네트워크 구조로 전환하는 데 중요한 역할을 했다.[15]

수레시 박사의 난양공대 총장 임기(2018~2022)는 다음과 같은 특징을 띤다.

- **전략 기반 스마트 캠퍼스 구축**

  친환경 건축물 인증(그린 마크 플래티넘), 지속 가능성 채권 발행, 2035년 탄소 중립 선언[16]

- **연구 역량 강화 및 글로벌 제휴 확대**

  기업과의 공동 연구소 다수 설립,[17] 4배 이상의 주제 순위 상승,[18] 대표적 연구자 유치 프로그램 도입[19]

- **제도적 혁신 리더십 정착**

  총장 박사후 연구원 펠로십 등 제도 설계 및 실행, 기능별 부총장 및 최고운영책임자 체계와의 융합적 협업 지원[20]

부총장 체계는 난양공대 리더십 구조의 또 다른 축이다. 학술, 연구, 산업, 혁신, 국제 협력, 사회 기여 등 각 분야에 맞춘 부총장이 배치되어 있으며, 각 부총장은 단순한 관리자가 아니라 해당 분야의 전략적 기획자이자 대외 협상의 주체로 활동한다. 예를 들어 산업 부총장은 롤스로이스(Rolls-Royce@NTU Corporate Lab), 알리바바(Alibaba-NTU Joint Research Institute), 현대자동차(현대자동차 배터리 컨소

시엄) 등 다양한 기업과의 산학 협력 프로젝트를 통해 난양공대의 연구 성과가 직접 산업으로 전환되는 구조를 설계하고 실행한다.²¹ 이는 난양공대가 기초연구-응용연구-산업화를 대학 내부에서 하나의 가치 사슬로 구축하고 있다는 것을 보여준다.

베르틸 안데르손 교수가 총장이었을 때, 난양공대에는 비서실장Chief of Staff이라 할 수 있는 독특한 포지션이 존재했다. 이 자리를 맡은 인물은 싱가포르 출신의 람 킨 용Lam Khin Yong 교수였는데, 그는 일종의 총장 비서실장이자 전략 조정자로 총장을 가까이에서 보좌하며 학교 전체 운영의 총괄 조정 기능을 수행했다. 앞에서 말한 대로 2011년 난양공대의 리더십 구조는 총장, 비서실장, 그리고 부총장이 삼각축을 이루는 형태였고, 외국인 총장(안데르손)의 문화적·행정적 연결 고리 역할을 싱가포르 출신 비서실장이 맡으면서 조직이 원활히 작동할 수 있었다.²² 이 삼각축은 이후에도 난양공대의 리더십 설계에 중요한 참고 모델이 됐다.

난양공대의 국제화 전략은 국제 교류 부총장 체계를 통해 구체화된다. 국제 교류 부총장은 공동 박사과정Dual PhD, 세계 석학 초빙 프로그램Global Distinguished Visitors, 아시아-유럽 공동 연구 연합Asia-Europe Research Alliance 등의 프로그램을 통해 난양공대의 글로벌 파트너십을 운영한다. 혁신 부문은 혁신 및 창업 부총장이 이끄는 엔티유이티브NTUitive와 연결되어, 딥테크 창업과 지적재산권 사업화, 기술 이전 등을 활성화한다. 이러한 각 부총장의 활동은 단일 부처가 아닌, 총장－부총장－최고운영책임자가 삼각 축으로 정렬된 전략적 운영 체계를 통해 통합된다.[23]

결국 수레시 박사는 난양공대가 실험적 리더십에서 벗어나, 정렬된 자율성을 제도화한 성숙한 리더십 체계로 발전하도록 견인한 핵심 인물이다. 그는 글로벌 리더십 경험과 혁신가적 비전으로 난양공대 내부의 프로보스트, 부총장, 최고운영책임자 등과의 협업을 통해 구조적 진화를 이루어냈다. 이 과정을 통해 난양공대는 젊은 혁신 대학에서 안정성과 세계적 경쟁력을 갖춘 연구 중심 대학으로 거듭났다.

총장은 상징적 리더일 뿐 아니라 대학의 장기 전략과 외교적 파트너십, 고위 인사 및 예산을 총괄하는 설계자다. 다만 예전처럼 전략 수립과 실행을 모두 챙기기보다 기능별 전문가들에게 권한을 분산하고 그들이 자율적으로 기획하고 실행하도록 유도하는 조정자에 더 가까워졌다. 프로보스트는 여전히 학문적 중심축으로 강력한 리더십을 발휘한다. 단과대학의 커리큘럼 개편, 교원 인사, 학위 제도, 연구 윤리, 학생 정책 등 교육 전반을 조율하며, 각 부총장과 유기적으로 협력하는 학문적 전략가로 자리한다.

여기에 기능별 부총장은 각각의 영역에서 실질적 독립성과 책임을 갖는다. 예를 들어 연구, 산업 협력, 혁신 및 창업, 국제 교류, 교육, 지속 가능성 등의 기능은 각각의 부총장이 담당하며, 그들은 단순히 총장에게 보고하는 행정 책임자가 아니라, 해당 분야의 전

그림 2.2 난양공대 리더십 구조(2020년대)

총장

부총장 겸 프로보스트 — **부총장** — **최고운영책임자**

학사 운영 — **행정 운영**

학사 운영:
- 난양경영대학
- 컴퓨팅 및 데이터 과학대학
- 공과대학
- 인문예술 사회과학대학
- 리콩치안 의과대학

- 이과대학
- 난양공대 명예대학
- 국립교육원
- 라자라트남 국제대학원

행정 운영:
- 커뮤니케이션처
- 학생행정처
- 재무처
- 법무처

- 인사처
- 발전처
- 데이터처

- AI 및 디지털 경제
- 혁신 및 창업
- 산업 협력
- 국제 교류
- 평생교육 및 동문 교류
- 연구

각 분야 전략 조직

략 수립과 실행, 외부 기관과의 협력까지 전담하는 실질적인 실행
권자다.

표 2.1 부총장 담당 분야 및 역할 분장

분야	주요 업무	
행정 운영 (수석 부총장)	• 행정 총괄 • 조직 IT 혁신	• 인사 · 재무 관리 • 캠퍼스 운영 최적화
보건 · 생명과학 (수석 부총장)	• 의대 운영 총괄 • 임상의학−생명과학 융합 연구 리더십	
산업 협력	• 산학 협력 프로그램 • 기술 이전	• 산업계 파트너십 확대
혁신 및 창업	• 엔티유이티브 운영 • 창업 · 기술 사업화 전략	• 스타트업 생태계 육성
AI 및 디지털 경제	• AI 전략 수립 • 디지털 트랜스포메이션	• 데이터 경제 중심 교육/연구 체계 구축
국제 교류	• 글로벌 파트너십 구축 • 국제 협력 네트워크 확대	• 해외 전략 운영
평생 교육 및 동문 교류	• 평생교육 시스템 운영 • 재교육 프로그램 개발	• 동문 네트워크 강화
연구	• 연구 전략 수립 • 연구비 관리	• 학제 간 연구 활성화 및 글로 벌 협력 촉진

또 하나 주목해야 할 점은 최고운영책임자의 역할이다. 과거
비서실장이 전략 실행의 구심점이었다면, 현재 최고운영책임자는
훨씬 광범위하고 제도적인 차원에서 전략 실행의 '마스터 플래너'
역할을 수행한다. 디지털 인프라, 내부 커뮤니케이션 시스템, 재무

구조, 조직 관리, 성과 측정 등 실행 기반의 모든 요소가 최고운영 책임자의 손을 거친다. 그 자리는 단순히 행정 업무를 총괄하는 직책이라기보다 대학 전략의 현실화를 가능케 하는 실행 설계자의 자리다.[24]

표 2.2 최고운영책임자의 전략 실행 영역

주요 전략 분야	전략별 세부 역할
커뮤니케이션	• 전략 커뮤니케이션 수립 및 실행 • 언론 관계 관리 및 위기 대응 • 난양공대 브랜드 이미지 강화
학사 행정	• 학사 제도 및 학생 기록 관리 • 입학·성적·졸업 행정 총괄 • 조직 정책 및 거버넌스 조정
재무	• 대학 예산 수립 및 집행 • 재무 계획 및 회계 정책 수립 • 재정 전략 및 재무 건전성 확보
법무	• 법률 리스크 관리 및 자문 • 계약 검토 및 규제 준수 감독 • 내부 법률 정책 강화
인사	• 인재 채용 및 채용 전략 수립 • 직원 개발 및 평가 진행 • 복지 증진 및 조직 문화 구축
후원 및 대학 발전	• 기금 모금 캠페인 기획 • 후원자 및 기부자 네트워크 관리 • 발전 프로젝트 및 캠퍼스 투자 전략
데이터	• 데이터 정책 수립 및 거버넌스 • 데이터 아키텍처 및 분석 플랫폼 구축 • 정보 활용 전략 및 성과 분석 시스템 도입

이러한 구조 변화는 리더십만의 문제가 아니다. 난양공대는 전략과 실행, 기획과 행정, 자율성과 정렬이라는 서로 다른 축을 균형 있게 설계하기 위해 대학 외부의 거버넌스 구조 또한 다르게 운영하고 있다. 난양공대의 이사회는 감시자가 아니다. 이들은 정부 고위 관료 출신, 글로벌 기업 CEO, 학계 리더로 구성되어 있으며, 대학의 전략 방향에 대한 실질적 자문을 제공한다. 그러나 실행에 직접 개입하지는 않는다. 총장을 전략적으로 감독하면서도, 총장이 자율적으로 운영할 수 있는 장치를 제도적으로 허용하는 것이다. 이사회는 전략 자문위원회와 유사한 역할을 수행하며, 총장이 과도한 정치적 압력 없이 운영할 수 있도록 적절한 거리를 유지한다.[25]

난양공대의 리더십 구조는 단순한 조직표로는 설명할 수 없다. 그것은 제도 설계 자체가 전략이고, 조직 운영이 브랜딩이며, 리더십 시스템이 곧 경쟁력이라는 철학에 기반한다. 난양공대는 대학을 구성하는 각 요소에 책임과 권한을 명확히 분산함으로써 '전략적으로 정렬된 자율성'을 제도화하는 데 성공했다.

이제 난양공대는 단순히 빠르게 움직이는 젊은 대학이 아니라, 안정된 시스템 아래 각 기능이 스스로 사고하고, 계획하고, 실행하는 고차원적 자율 시스템을 갖춘 성숙한 조직으로 성장했다. 그리고 그 성장의 밑바닥에는 제도 실험을 두려워하지 않고 조직 자체를 전략화한 과거의 유산, 즉 삼각축 구조에서 시작된 리더십의 진

그림 2.3 난양공대 리더십 조직도(2025년)

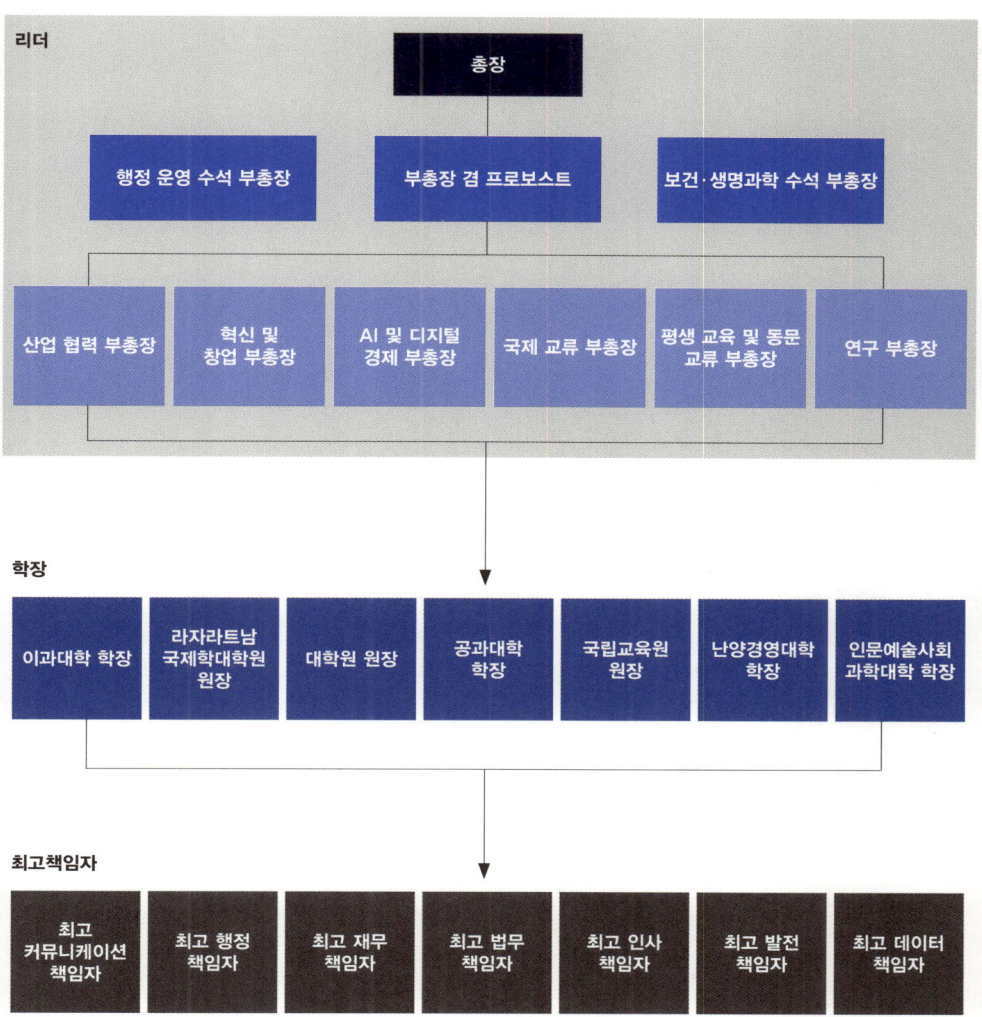

리더

총장

행정 운영 수석 부총장 | 부총장 겸 프로보스트 | 보건·생명과학 수석 부총장

산업 협력 부총장 | 혁신 및 창업 부총장 | AI 및 디지털 경제 부총장 | 국제 교류 부총장 | 평생 교육 및 동문 교류 부총장 | 연구 부총장

학장

이과대학 학장 | 라자라트남 국제학대학원 원장 | 대학원 원장 | 공과대학 학장 | 국립교육원 원장 | 난양경영대학 학장 | 인문예술사회 과학대학 학장

최고책임자

최고 커뮤니케이션 책임자 | 최고 행정 책임자 | 최고 재무 책임자 | 최고 법무 책임자 | 최고 인사 책임자 | 최고 발전 책임자 | 최고 데이터 책임자

화가 존재한다.

난양공대의 부총장은 고유의 전략을 실현하는 프로그램을 운영한다. 난양공대 조직에서 주목할 만한 변화 중 하나는 부총장이라는 직책을 교수 출신이 아닌 전문 경영인이나 행정가가 담당하기도 한다는 점이다. 또 사회 기여social impact나 혁신 분야를 담당하는 부총장의 경우, 역할과 성격 자체가 고전적인 학문 운영의 틀과는 전혀 다른 기준을 바탕으로 설정된다. 이들은 연구 업적이나 교육 이력보다 실행력, 네트워크 구축 능력, 전략 기획 역량을 고려해 임명되며, 본질적으로는 대학을 '운영하고 설계하는 관리자'로 기능한다.

이러한 구조 변화는 단순한 직제상의 변화가 아니다. 대학이 어떻게 자신의 정체성을 재구성하고 있는지 보여주는 상징적 변화다. 과거에는 교수들이 대학 내 거의 모든 의사 결정의 중심에 있었고, 부총장 역시 보통은 학문적 위계와 경력을 갖춘 이들 중에서 선출됐다. 하지만 **오늘날 싱가포르 같은 고등교육 생태계에서는 학문적 위계에 의존하지 않고, 전문성과 효율성에 기반한 비非교수 인사가 핵심 리더십을 맡는 사례가 증가하고 있다.**

이러한 변화는 몇 가지 중요한 시사점을 동반한다.

• 대학 운영의 탈학문화

이제 대학의 핵심 전략과 사업 운영, 사회 파트너십은 학문적 판단보다 경영적 의사 결정에 좌우된다. 이는 교수 중심의 전통적인 '지식 공동체'로서의 대학 개념이 '성과 지향 조직'으로 전환되고 있음을 시사한다.[26]

• **의사 결정 구조의 다원화와 비선출 권력의 부상**

교수들이 참여하는 평의회나 위원회 외에 총장 직속의 부총장 또는 최고혁신책임자(현재는 엔티유이티브 CEO가 이 역할을 한다. 한국으로 치면 대학지주회사의 CEO와 같다.[27]) 같은 비교 수직 관리자가 예산, 인사, 전략에 큰 영향을 미치는 구조가 고착되고 있다. 이로 인해 민주적 의사 결정과 교수 자율의 원칙이 흔들릴 수 있으며, 대학 내 '권한과 책임'의 경계가 흐려지는 결과로 이어질 수 있다.[28]

• **사회적 플랫폼으로서의 대학**

난양공대의 부총장은 대학을 사회와 어떻게 연결하고, 대학의 미래를 어떻게 설계할지를 실무적으로 수행하는 기획자 역할을 한다. 대학의 자원을 지역사회, 정책 현장, NGO와 연결하고, 연구실의 아이디어를 산업계와 정책 시스템으로 연결한다. 이는 교수 중심의 내부 중심적 사고에서 벗어나, 대학을 사회적 플랫폼으로 전환하는 중요한 활동이다.

그러나 동시에 현재의 구조는 몇 가지 긴장을 내포한다.

- **학문적 정체성 약화**

  교수가 아닌 부총장은 교육과정 설계나 학문적 방향 설정에
  는 직접 개입하기 어렵기 때문에, 학문의 정체성이나 장기적
  철학이 단기 전략 논리에 종속될 위험도 있다.

- **교수에 대한 압력 증가**

  교수 커뮤니티는 이제 좋은 논문을 쓰는 것으로는 부족하며,
  사회적 영향력과 조직 내 기여도까지 신경 써야 하는 새로
  운 정체성의 압력을 경험하게 된다. '교수'라는 직함이 더 이
  상 대학 내 권위와 리더십의 근거가 되지 않는 시대가 도래
  한 것이다.

결국 교수직 없이 대학의 핵심 리더십을 수행하는 부총장의 등
장은 대학의 정체성과 권력 구조의 중대한 전환을 의미한다. 대학
은 점점 더 '운영은 전문성, 학문은 자율성'이라는 이원적 구조를
갖춰가고 있으며, 교수들은 조직의 유일한 중심축을 벗어나 조직
속 전문 영역 중 하나로 자신의 역할을 재정립해야 하는 현실에 직
면했다.[29] 이러한 변화는 고등교육의 효율성과 유연성을 높이는 한
편, 대학의 공공성과 자율성이라는 가치의 균형을 어떻게 유지할
것인가에 대한 새로운 질문을 던진다.

다른 대학은
어떻게 다를까?

난양공대의 리더십 구조는 싱가포르의 다른 주요 대학들과도 뚜렷하게 구별된다. 싱가포르국립대의 경우, 부총장 체계가 비교적 집중되어 있으며, 산업 부문은 산하 연구 기관을 통해 간접적으로 운영된다.[30] 싱가포르경영대는 미국 펜실베이니아대의 와튼 스쿨 모델, 싱가포르기술디자인대는 MIT 모델 기반의 학제 간 설계를 특징으로 하지만, 리더십 구조는 간소하고 교수 중심이다.[31] 반면 **난양공대는 전문화와 전략적 분업, 그리고 연속성 보장이라는 3가지 요소를 명확히 제도화한 구조를 통해 독립성과 유기성을 동시에 구현하고 있다.**

결론적으로 난양공대의 리더십 구조는 행정 효율만을 위한 것이 아니다. 난양공대가 '대학'이라는 틀에서 벗어나 국가 전략 플랫폼이자 글로벌 협력 허브로 작동하기 위한 시스템이다. 이 구조 덕

표 2.3 싱가포르 주요 대학 시스템 비교

항목	난양공대	싱가포르국립대	싱가포르경영대
조직 구성	총장, 부총장 겸 프로보스트, 부총장단으로 구성된 리더십 팀으로 전략 수립 및 거버넌스 주도	총장, 프로보스트, 각 단과대학 학장 및 주요 부서 책임자 포함 중심 관리체계	명예 총장(Chancellor), 총장, 프로보스트, 이사회로 구성된 중앙 리더십 구조
전략 시스템	•NTU 2025 전략: 전교 구성원 참여 기반 중·장기 전략 수립 •디지털 전환 및 융합 연구 강조	•학제 간 교육 혁신 프로그램 운영 •글로벌 연구 센터 중심 전략 운영	•와튼 스쿨 모델에 기반해 창립된 이후 지속적 선택과 집중 전략 전개 •사업 중심 혁신 추구
대표 리더십 개발 프로그램	전략·디지털 리더십 핵심 역량 프로그램 (Management Development Programme for Future-ready Leaders)[32]	전략 리더십 역량 강화용 8~9개월 과정, 글로벌 및 경영 전략 중심[33]	AI 기반 전략 리더십 개발 과정(Strategic Leadership with AI & ML,[34] Executive Certificate in Leadership & People Management[35] 등)
전략적 초점 영역	•융합 연구, 글로벌 펠로십, 산학 협력, AI 기반 캠퍼스 운영 등에서 전사적 리더십 협업	•연구소 중심 R&D 전략 •국제 거버넌스 및 지속 가능 리더십 중심	•혁신 창업 역량 강화 •금융·비즈니스 리더 육성 •산업 맞춤형 교육 중심

분에 난양공대는 빠르게 성장할 수 있었고, 연구-산업-교육이 통합된 싱가포르 모델을 대표하는 혁신적 대학이 됐다. 다시 말해 난양공대는 세계 수준의 연구를 수행하는 곳일 뿐 아니라, 세계 수준의 리더십 시스템을 작동시키는 곳이 됐다.[36]

난양공대
산학 협력의 진화

싱가포르의 산학 협력은 단순한 연구 협업이나 기술 이전의 개념을 뛰어넘는, 국가 전략의 구현 메커니즘이다. 난양공대의 산업 부총장실은 싱가포르형 협력 전략의 실험실이자 실행 센터이며, 나는 이 공간에서 전략을 설계하고 제도를 현실화하는 임무를 맡아왔다. 산업과 학문, 정책과 기술이 교차하는 경계의 현장에서 '산업처장Director, Industry Flagship Initiatives' 이라는 직책으로 다수의 국가 전략 사업을 기획하고 추진해왔다.[37]

산업 부총장실은 단순히 대학의 대외 협력 부서로 출범한 것이 아니다. 그 기원은 2011년, 난양공대의 구조 개편과 함께 등장한 비서실장 제도까지 거슬러 올라간다. 당시 총장이던 안데르손 교수는 대학의 세계화와 산업 전략을 정렬하기 위한 내각형 행정 체제를 도입했고, 그 실험의 첫 단계가 바로 싱가포르 정부와 산업계 간 전략을 총괄하는 비서실장 직제였다.[38] 이 자리를 맡은 인물은 난양공대 출신이자 싱가포르 국적자인 람 킨 용 교수였으며, 그는 정부와 기업, 그리고 대학 간의 정책적 정렬을 담당하는 조정자로 활동했다. 그의 역할은 명확했다. 정부의 연구·혁신·기업R&D, Innovation and Enterprise, RIE 로드맵에 맞춰 난양공대의 역량을 재구성하고, 기업과의 전략적 연합을 제도화하는 것이었다. 이러한 경험을 바탕으로 그는 혁신 및 창업 부총장을 거쳐 산업 협력 부총장으로 선임됐고, 오늘날 난양공대의 산업 전략을 설계하고 실행하는 중심축으로 자리매김했다.[39]

이 구조 안에서 나의 역할은 '연구 기획자'의 범주를 넘는다. 나는 싱가포르의 산업 전략과 난양공대의 학술 역량 사이에서 구조적 매개자이자 전략 설계자 역할을 맡고 있다. 특히 내가 수행하는 일은 3가지 범주로 나눌 수 있다. 첫째, 싱가포르의 기술전략과 대학 자원의 정렬이다. 예컨대 싱가포르 정부는 2020년부터 추진한 RIE2025 로드맵을 통해 AI, 탄소 중립 기술, 바이오 의료 혁신을 국가 핵심 어젠다로 삼았는데, 이에 맞춰 난양공대 내부의 연구 역량과 산학 플랫폼을 재구성하고 외부 정부 펀딩과의 연계를 설계하는 것이 나의 과제였다.

둘째, 글로벌 기업과의 공동 연구소 설계다. 단기 협약이 아니라 수년간의 전략적 동맹을 바탕으로 플랫폼 중심의 파트너십을 설계해야 하며, 이는 기업 연구소Corporate Lab라는 제도로 구체화

됐다.[40] 셋째, 연구 시설, 인재 풀, 교육 콘텐츠 등 학내 자산을 외부 산업계 수요에 맞춰 재배치하고 가시화하는 일이다. 나는 이러한 작업을 '내부 정렬internal alignment'이라고 부르는데, 실제로는 학내 문화의 전환까지 포함하는 복합적 설계 작업이다.[41]

싱가포르 연구·혁신 전략의 진화

싱가포르의 과학기술 정책은 연구 지원뿐 아니라 국가 전체의 산업 구조와 사회 체계를 설계하는 도구라는 좀 더 포괄적인 기능을 목표로 한다. 그 중심에 자리한 것이 바로 연구·혁신·기업, 즉 RIE 전략이다. RIE는 싱가포르 정부가 5년 단위로 수립하는 국가 R&D 투자 계획으로, 단순한 재정 집행 계획을 넘어 미래 성장 엔진을 설계하고, 산학연 생태계를 통합하는 장기 국가 전략이다.[42]

RIE2025는 싱가포르 연구·혁신 정책의 중요한 성취였다. 약 250억 싱가포르 달러 규모의 국가 R&D 투자 아래 제조 혁신, 헬스케어, 디지털 경제, 도시 솔루션, 지속 가능성 등 핵심 분야를 중심으로 학문적 우수성과 산업 연계를 동시에 강화했다. 이 시기의 핵심 키워드는 '전환translation', 즉 기초연구를 실제 산업과 사회적 가치로 연결하는 것이었다.[43]

RIE2025는 4가지 핵심 분야를 국가 전략 과제로 지정했다. 이는 기술과 산업을 단순히 분리된 부문으로 바라보지 않고, 상호 연결된 사회적 시스템으로 재설계하려는 시도였다.[44]

표 2.4 RIE2025 주요 분야 및 중점 내용

분야	중점 목표 및 투자 방향
제조·무역·연결성	• 제조업 경쟁력 강화 및 공급망 회복력 확보 • 기후 대응형 지속 가능 제조 촉진 • 로보틱스 등 기술 상용화 플랫폼 확대 • 항공·해운 물류 연결성 강화
인간 건강과 잠재력	• 국민 건강 보호 및 헬스케어 시스템 혁신 • 헬스테크 및 인구 건강 관련 연구 확대 • 인재 양성 및 I&E 펠로십 제도 도입 • 의료 산업 연계를 통한 경제적 가치 창출
도시 솔루션 및 지속 가능성	• 기후변화 대응을 위한 기술·정책 연구 강화 • 회복력 있는 지속 가능 도시 환경 조성 • 건설·도시 인프라의 지속 가능 전환 지원 • 녹색 산업 육성을 위한 기술 상용화 촉진
스마트 국가 및 디지털 경제	• 글로벌 디지털 기술 리더십 확보 • 데이터 신뢰성 및 보안 기반 구축(예: 블록체인) • AI, 사이버 보안 등 디지털 핵심 인재 양성 • 글로벌 디지털 허브로 성장 기반 마련
학술 연구	• 자율적이고 창의적인 연구 생태계 조성 • 중형 규모 과제 중심의 연구 지원 확대 • CREATE, CRP 등 다학제 협력 활성화 • 학문적 탁월성 유지 및 국제적 영향력 확대
인력 양성	• STEM 분야 인재 육성(장학금, 인턴십 등 포함) • 연구자 생애 주기별 맞춤형 경력 지원 강화 • I&E형 인재 양성(T-Up, 바이오 디자인 프로그램 등) • 팬데믹 이후 지속 가능한 인력 구조 확립
혁신 및 기업가 정신	• 기업 기술 혁신 역량 강화(예: T-Up) • 기술 상용화를 위한 테스트베드·지원 플랫폼 확대 • GIA 등을 통해 글로벌 시장 진출 지원 • SFF x SWITCH 통한 오픈 이노베이션 활성화

이런 전략 아래, 싱가포르의 주요 자율 대학(난양공대, 싱가포르국립대, 듀크-NUS, 싱가포르기술디자인대 등)은 각자의 전문성을 바탕으로 다양한 국가 프로젝트에 참여해왔다. 난양공대는 특히 스마트 제조, 도시 지속 가능성, 그리고 AI 기반 융합 연구에서 핵심적 역할을 수행하고 있다.[45] AI 싱가포르AI Singapore, AISG[46], 난양공대 에너지 연구소Energy Research Institute,[47] 그리고 최근 급부상한 세포 농업cellular agriculture 프로젝트[48] 역시 RIE2025 지원하에 확대됐다.

RIE2025의 구조적 특징은 단지 연구비 규모에 있는 것이 아니라, '국가 미션 중심의 R&D 연계성'에 있다. 즉 각 투자 영역이 정부 정책과 산업 구조, 인재 양성과 직접 연결되어 있어, 실험실의 연구가 곧 도시 시스템과 산업 변화로 이어지는 통합 플랫폼을 구성한다. 이는 전통적인 R&D와는 질적으로 구분되는 싱가포르만의 독특한 모델이다.[49]

최근 발표된 RIE2030은 RIE2025의 단순한 연장이나 예산 증액 버전이 아니다. 지정학적 분절, 글로벌 공급망 재편, 기후위기, 인구구조 변화, AI 기반 기술 가속 등 싱가포르가 직면한 구조적 변화에 대응하기 위해 연구·혁신 시스템 자체를 재설계하려는 시도다. RIE2025가 '잘하는 것을 더 잘하는 전략'이었다면, RIE2030은 '국가 생존과 장기 경쟁력을 재정의하는 전략'이다.[50] RIE2030의 핵심 방향은 아래와 같다.

1. 과제 중심 연구개발

RIE2030은 기존의 분야 중심domain-based 연구 지원에서 벗어나, 국가적 미션 중심 연구로 명확하게 전환한다. 예를 들어, 단순한 의공학 연구가 아니라, 고령화 사회 대응, 팬데믹 대비, 식량·에너지 안보 같은 구체적 국가 과제를 중심으로 연구를 설계한다. 이는 연구 성과를 정책·산업·사회로 연결하는 속도를 높이기 위한 구조적 선택이다.

2. 딥테크와 디지털의 통합

RIE2025에서도 AI, 데이터, 자동화는 중요했지만, RIE2030에서는 디지털 기술이 모든 연구 분야의 기본 인프라로 격상된다. AI, 고성능 컴퓨팅, 양자기술은 더 이상 하나의 분야가 아니라, 소재, 바이오, 제조, 에너지 연구를 관통하는 공통 언어가 된다.

3. 경제적 파급력을 지닌 연구

RIE2030은 연구 성과를 논문이나 특허에서 멈추지 않고, 산업 창출, 기업 성장, 고부가가치 일자리로 이어지는 경로를 제도적으로 설계한다. 여기에는 스핀오프, 공공－민간 공동 연구, 규제 샌드박스, 글로벌 시장 진출까지 포함된다.

4. 인재 전략의 재정의

RIE2030은 우수 연구자를 유치하는 것을 넘어, 연구－산업－정책을 넘나드는 하이브리드 인재를 핵심 자산으로 본다. 이는 난양공대와 같은 연구 중심 대학이 교육, 연구, 산업 협력을 동시에 재설계해야 한다는 의미다.

RIE2030은 난양공대 같은 연구 중심 대학에 훨씬 더 무거운 책임을 부여한다. 이제 대학은 '잘하는 연구를 하는 곳'만으로는 부족하다. 연구를 어떻게 경제와 사회로 연결할 것인지 설계하는 능력, 그리고 정부·산업과의 장기적 파트너십을 주도할 수 있는 조직 역량이 요구된다.

특히 난양공대는 공학, 소재, AI, 지속 가능성 분야에서 이미 국가 전략의 핵심 자산이다. RIE2030은 난양공대가 국가 전략의 단순 참여자가 아니라, 국가 전략을 공동 설계하는 기관으로 격상했음을 공식화한 계획이라고 보는 것이 타당하다. 이 지점에서 RIE2030은 단순한 정책 문서가 아니라, 난양공대의 다음 10~20년 정체성을 규정하는 외부 조건이다.[51]

기업 연구소는 싱가포르 정부가 2013년부터 본격적으로 추진한 '공동 연구소 설립형 산학 협력 모델'이다. 이 모델은 싱가포르의 국가연구재단이 주도했고, 기업과 정부가 공동으로 출자해 대학 내에 연구소를 설립하고 중·장기 기술 개발과 인력 양성을 동시에 수행하는 구조다.[52] 난양공대는 이 제도의 초기 실험 파트너였으며, 이후 10개 이상의 기업 연구소를 운영하며 이 모델을 사실상 제도화한 선도 기관이 됐다.

대표적인 사례는 롤스로이스-난양공대 기업 연구소다. 이 연구소는 항공기 엔진의 예지 정비 기술을 개발하기 위해 설립됐으며, 싱가포르가 항공 정비 산업의 글로벌 허브로 자리 잡는 데 중요한 기술적 기반을 제공했다.[53] 또 다른 사례인 알리바바-난양공대 공동 연구소는 도시 데이터 기반의 AI 알고리즘 개발과 스마트 시티 인프라 설계를 목표로 운영됐으며, 기술 개발을 넘어 AI 윤리와 데이터 공유 정책 등 정책 연계형 기술 생태계를 다루는 실험장으로 기능했다.[54]

공동 연구소Joint Research Institute는 이와 유사하지만 보다 국제화된 플랫폼이다. 복수의 국제 기관(예컨대 유럽의 프라운호퍼 연구소 또는 일본의 물질재료연구기구)과 난양공대가 공동으로 설립하는 이 구조는 **기술뿐 아니라 제도와 문화가 교차하는 글로벌 플랫폼**의 성격을 띤다.[55] 난양공대는 이 구조를 통해 기술 역량뿐 아니라, 싱가포르가 '글로벌 기술 허브'로 작동할 수 있도록 제도적 기반의 외연을 확장해왔다.

이러한 전략과 구조를 가능하게 한 전제 중 하나는 **'국제 공개 채용'이라는 인사 시스템**이다. 난양공대는 모든 부총장급 인사를 글로벌 공개 경쟁을 통해 선발한다. 내부 승진보다 전 세계 인재 풀을 대상으로 공모하고 면접하며, 국제적 기준에 부합하는 리더를 전략적으로 선택하는 구조다. 실제로 최근에 부임한 난양공대의 연구 부총장은 네덜란드 보건복지부 장관을 역임한 인물이며,[56] 프로보스트는 스위스 취리히연방공대에서 오랫동안 교수직에 있던 유럽 학자다.[57]

난양공대는 대학 내 리더십조차 국가 경쟁력을 반영하는 글로벌 플랫폼으로 간주하며, 이 시스템을 통해 조직 전체의 전략성을 강화하고 있다. 한국의 대학 문화와 비교하면 이 차이는 더욱 분명해진다. 한국은 여전히 총장-이사회 중심의 폐쇄적 내부자 문화에 머물러 있는 반면, 난양공대는 외부 경쟁에 조직을 전면적으로 노출하며 전략적 리더십을 구축한다.

산업 부총장실은 단지 한 대학의 부속 부서가 아니라 싱가포르의 산업 전략, 교육 정책, 글로벌 기술 생태계가 교차하는 접경지대이자, 제도 실험의 공간이다. 나는 이 공간에서 전략가이자 조정자, 설계자로 일해왔다. 기술 이전이나 연구실 운영이라는 전통적 산학 협력 모델이 아니라, 국가 전략과 정렬된 구조적 플랫폼을 설계하고, 그것을 구체화하는 리더십 구조를 조직에 내장하는 작업이

대학의 미래는 싱가포르에 있다

었다. 나는 내 경험이 난양공대의 조직 혁신의 기록이자, 더 나아가 고등교육기관이 어떻게 국가 전략의 협력자로 진화할 수 있는지 보여주는 사례라고 믿는다.

3

교육은 어떻게
혁신이 되는가

난양공대의 교과 설계

난양공대는 외국인 인재를 단순히 '활용'하는 것이 아니라, 조직 내에서 제도화된 상보적 리더십 구조를 설계함으로써 그들의 역량이 싱가포르 시스템 내에서 지속적으로 뿌리내릴 수 있도록 한다.

NITHM, 공학과 의학의
통합 실험

          2011년 6월, 내가 난양공대에 첫 발을 내디딘 당시 난양공대는 조직 전체가 격변기를 겪고 있었다. 이 시기의 핵심 인물 중 하나는 프레디 보이 교수다. 그는 재료과학과장에서 다양한 성과를 바탕으로 학장, 부소장, 소장, 처장, 부총장을 뛰어넘어 바로 프로보스트로 수직 승진하며 베르틸 안데르손 3대 총장과 함께 난양공대의 전략적 구조 재편을 주도하고 있었다.[1] 나를 난양공대로 영입한 인물이기도 했다. 여러 차례 면담을 하고 함께 전략을 구상하며 나는 그가 혁신적이고 열정 넘치는 조직가라는 느낌을 강하게 받았다.

     하지만 난양공대 내부 분위기는 다소 혼란스러웠다. 부임 직후, 한 한국인 교수는 나에게 "다른 건 다 인정해도, 교수님 연봉이 다른 건 인정할 수 없다"라고 말했을 정도다. 이는 단순한 개인적 불만이 아니라, 당시 난양공대 내부에서 존재하던 구조적 불평등과 긴장을 상징적으로 드러낸 것이었다. 나는 국가연구재단에서 받은 난양공대 부교수 펠로십 외에도 난양공대에서 추가 보직과 많은 연구비를 받으며 입성했기 때문에 기존 교수진과의 차이가 명확했다.

더 충격적인 일은 부임 후 1~2개월 사이, 교수들이 하나둘씩 학교를 떠나기 시작했다는 것이다. 테뉴어 시스템 개편의 일환이었다. 난양공대는 2007년 안데르손 총장이 부임하면서 테뉴어 구조를 정비했고, 당시 600명 수준이던 교수진 중 새 기준에 맞지 않는 절반 가까이를 퇴출하는 구조 조정을 단행했다고 한다.[2] 현재 교직원 정원이 1,200명 정도이니 800명이 새로 임용된 교수인 셈이다. 이는 난양공대가 글로벌 대학으로 도약하기 위한 극단적인 구조 개편의 일부였다. 그리고 이 구조 조정은 나의 입성과 맞물려 진행 중이었다.

이 격동의 한가운데에서 보이 교수는 내게 새로운 미션을 제안했다.

"공학과 의학을 동시에 할 수 있는 조 교수의 역량을 활용해 새로운 연구 기관을 만들어봅시다."

이 제안을 바탕으로 나는 난양 보건·의료기술 연구소Nanyang Institute of Technology in Health and Medicine, NITHM 부소장Deputy Director에 임명됐다.[3] 이 연구소는 공학 기반의 의학 솔루션을 개발

하기 위한 전략적 연구 기관으로, 난양공대가 의학 혁신을 위한 독립 플랫폼을 마련한 첫 사례였다. 이를 기반으로 2014년, 난양공대와 미국 노스웨스턴대의 협업으로 NTU – 노스웨스턴 나노의학 연구소NTU–Northwestern Nanomedicine Institute가 설립됐다. 이 협업은 약 6,000만 싱가포르달러 규모의 다년간 연구 파트너십으로 확장되며, 나노 기술 기반의 진단, 약물 전달, 조직 재생, 눈 질환, 심혈관 및 피부 질환 치료용 플랫폼 개발을 주요 목표로 삼았다.[4]

NITHM의 핵심 철학은 단연코 기술이 아닌 의학적 문제에서 출발하는, 임상의 중심clinician-driven의 기술 개발이었다. 기존의 과학기술 기반 연구소들이 기술 개발을 먼저 주도하고 이후 의료 응용을 고민하는 방식과 달리, NITHM은 임상의들이 현장에서 실제로 겪는 문제를 출발점으로 삼았다. 다시 말해 '현장에 기반한 기술 수요'를 발굴하고, 그에 가장 적합한 기술적 해결책을 탐색하는 방식이었다. 그 때문에 연구는 단순히 논문이나 실험실 수준에 머무는 것이 아니라, 임상으로의 전환 가능성을 전제로 진행됐다.[5]

이러한 접근 덕분에 NITHM은 실질적 의료 수요와 연결된 플랫폼 기술을 다수 생산해냈다. 예를 들어 안압 조절을 위한 나노입자 기반 녹내장 치료 시스템,[6] 부정맥 환자의 심장 조직 회복을 지원하는 전도성 하이드로젤 기반 심장 재생 플랫폼,[7] 화상 및 피부 결손 치료를 위한 3D 프린팅 피부조직 재생 솔루션,[8] 생체 적합성이 우수한 단백질 기반 MRI 콘트라스트 제어 시스템,[9] 그리고 당뇨병 환자의 합병증 중 하나인 황반부종을 타깃으로 한 바이오 소재 기반 치료제 개발[10] 등이 그것이다.

NITHM의 기술은 실험실에 머무르지 않고, 실제 기업과의 기술 이전 및 공동 개발로 이어지며 산업적 파급력까지 확보하고 있다. 일부 플랫폼은 싱가포르 과학기술청의 재료연구공학연구소 Institute of Materials Research and Engineering, IMRE, GE 헬스 케어, 존슨 & 존슨, 알콘 등과의 파트너십 논의로 진척됐고, 몇몇은 임상 시험 설계 단계까지 진입했다.[11] 이는 NITHM이 단순한 연구 기관이 아니라, 의료 현장과 산업계, 그리고 학계를 관통하는 진정한 '중개 허브translational hub'로 자리매김했음을 보여준다.[12]

이러한 기관 기반의 접근은 조직 자체가 연구자 개인에 의존하지 않고 시스템적으로 '임상 문제 → 기술 기획 → 프로토타이핑 → 산업 이전'의 전 주기를 설계할 수 있는 구조를 갖췄기에 가능했다. 여기서 말하는 기관 기반 접근이란 단순히 기관 단위로 시스템이 운용된다는 의미가 아니라 기존의 학과 또는 전통적인 학제 구조로는 불가능했던 융합과 실험을 가능케 하는 조직 설계 자체를 의미한다.

기존의 독립 연구자 기반 구조나 단일 학과 중심의 프레임워크는 연구비 확보와 사업화에 제약이 많았다.[13] 특히 임상 수요와 빠르게 맞물리는 프로젝트의 경우 유연성과 속도, 그리고 다기능적 협업 구조가 필수적인데, 기존의 제도 아래에서는 이를 구현하기 어려웠다.[14] 이에 비해 **NITHM은 기관 자체가 실험실이자 플랫폼이며, 동시에 실행 조직이었기에 유연성이 있었다.**

기관 기반 접근법은 바로 그 점에서 의미가 크다. 단순히 '다른 방식'이 아니라 더 빠르고 실험적이며 실행이 중심이 되는 조직 설계로, 새로운 형태의 연구 및 기술 이전 생태계를 시연한 모델이었다. 이 구조는 실제로 기존 조직에서는 지원받기 어려운 펀딩 유치, 다학제 융합, 기업 연계 프로젝트를 자연스럽게 끌어들이는 흡입력을 만들어냈다. 즉 NITHM은 연구 기관이 기존의 경직된 구조를 넘어서고자 할 때 어떤 혁신이 필요한지 보여주는 사례라고 할 수 있다.

아너스 칼리지,
교육 실험은 이어진다

난양공대는 지난 수십 년간 지속적인 혁신과 실험을 통해 글로벌 교육의 선두주자로 자리 잡아왔다. 이러한 전통을 잇는 최신 혁신의 결과로 2025년 5월 설립된 난양공대의 **우등 교육 프로그램 아너스 칼리지Honours College는 난양공대의 교육 실험 정신을 본격적으로 제도화한 사례다.** 우수 인재 선발에서 한발 더 나아가, 기술과 리더십, 글로벌 시민 의식을 통합하는 미래 지향형 융합 인재를 육성하는 데 핵심 목적을 둔다.[15]

아너스 칼리지는 난양공대의 시그너처 프로그램Signature Programmes 참여 학생들을 중심으로 구성된다. 이들 프로그램은 수학, 공학, 경영, AI, 인문사회 등 다양한 전공의 융합을 기반으로 하는 특화된 학사 과정으로 구성되어 있다.

기존에는 각 프로그램이 독립적으로 운영됐으나, 아너스 칼리지는 이들을 하나의 구조로 통합함으로써 전공 간 경계를 넘는 다학제 간 교육을 실현하고 있다. 다음은 시그너처 프로그램의 개요이다.[16]

표 3.1 난양공대 시그너처 프로그램 개요

프로그램명	중점 내용	특징
씨엔 양 장학 프로그램	• 과학·공학 리더 양성 • 수학·연구·글쓰기·국제 인턴십 • 기술 혁신·과학 커뮤니케이션 중심	• 다학제 간 교육(수학, 공학, 글쓰기 등) • 글로벌 학습 기회 • 기술 혁신 중심 리더십 양성
NBS 글로벌 리더 프로그램	• 글로벌 비즈니스 리더 양성 • 인턴십·멘토링·전문 워크숍 • 리더십 및 커뮤니티 영향력 중시	• 실무 중심 워크숍(IB, 컨설팅 등) • UC버클리 등 해외 교환 • 창업 및 사회 공헌 프로젝트 운영
르네상스 엔지니어링 프로그램	• 공학 + 경영 융합 리더 양성 • 복수 학위(공학 학사 + 기술 경영 석사) • 1년 해외 학습 + 인턴십	• 이공계 + 경영 + 인문 융합 교육 • 4.5년 내 복수 학위 수여 • 세계 유수 대학(예: UC버클리)에서 연수
튜링 AI 장학 프로그램	• AI 연구 및 산업 인재 양성 • 맞춤형 커리큘럼 + 연구 + 글로벌 멘토링 • 1년 해외 체류	• AI 특화 과정 + 연구 프로젝트 수행 • 세계적 AI 교수 및 산업 전문가 멘토링 • 전액 장학금 + 해외 학업·인턴십 지원
NTU-유니버시티 장학 프로그램	• 융합형 인재 양성 • 윤리·글쓰기·현장 연구 중심 • TOPS 프로그램 및 교류 중심	• 교과 + 비교과 융합 커리큘럼 • 해외 탐방형 TOPS 필수 이수 • 전공 외 학제 간 통찰과 비판적 사고 강화

아너스 칼리지는 이러한 시그너처 프로그램에 참여하는 학생들이 서로 교류하고 시너지를 낼 수 있도록 다양한 공통 모듈과 실천 중심 교육 경험을 마련하고 있다. 대표적인 공통 모듈은 다음과 같다.[17]

표 3.2 아너스 칼리지 공통 모듈

프로그램명	중점 내용	특징
기술 활용 사회 공헌 코스	기술 기반 사회문제 해결	• 1년간 팀 프로젝트 수행 • 디자인 싱킹, 이해관계자 협업, 프로젝트 매니지먼트 워크숍 • 사회 기여 중심 최종 쇼케이스 발표
싱가포르 국제 문제 심포지엄	글로벌 이슈 토론 및 리더십 강화	• 학생 주도 국제 심포지엄 • 글로벌/지역 사회 현안 논의 • AU 학점 부여 가능
난양공대 벤처 창업 프로그램	창업 역량 강화 및 실현	• 창의적 솔루션 기획·프로토타입 제작 • 최대 10만 싱가포르달러의 추가 창업 지원금 • 창업 생태계(멘토링, 인큐베이터, 네트워크 등) 지원
개인 발전 프로그램	리더십 및 자기계발	• 4년간 단계별 리더십 훈련 • 맞춤형 진로 코칭 및 산업 전문가 멘토링 • 전략적 의사 결정, 위기 대응 등 고급 리더십 기술 개발
커뮤니티 기금 모금 프로젝트	사회 환원 및 기부 문화 조성	• 학생 주도 자선 펀딩 프로젝트 운영 • 캠페인 기획·운영 실무 경험 • 파트너 NGO와 협업

학생 앰배서더 프로그램	난양공대 대표 역할 수행 및 글로벌 외교 역량 강화	• 대외 행사, 캠퍼스 방문 응대 담당 • 우수자는 글로벌 앰배서더로 선발 • 외교 커뮤니케이션, 공공 연설 등 고급 훈련 제공
자기 주도 강좌 개설	자기 주도 학습 설계	• 학점 인정 자율 강좌 개설 • 외부 전문가 세미나 혹은 개별 연구/ 팀 프로젝트 중 선택 • 관심 주제에 대한 깊이 있는 탐구 가능

이러한 공통 모듈은 시그너처 프로그램의 학문적 기반 위에 실천 경험을 접목함으로써 다음과 같은 시너지를 유도한다.

- 전공 지식과 사회 실천을 연결하는 도전 기반 학습 구조
- 다학제 팀워크를 통한 융합 사고력 증진
- 창업과 프로젝트 기반 수업을 통해 자기 주도적 문제 해결 역량 강화
- 글로벌 이슈에 대한 인식 및 대응 역량 함양

또 아너스 칼리지는 시그너처 프로그램에 속하지 않은 일반 학부생들에게도 2학년 이후 신청 기회를 제공함으로써 교육 기회의 개방성과 민주성을 실현하고 있다. 이는 우수성과 다양성을 포용하는 난양공대의 교육 철학을 반영한다.

결론적으로 난양공대 아너스 칼리지는 시그너처 프로그램이라는 학문적 전통 위에 테크 포 굿(기술 활용 사회 공헌), 벤처 창업,

싱가포르 국제 문제 심포지엄SGAS, 자기 주도 강좌 개설CYOC 같은 실천 중심 공통 모듈을 통합한 새로운 교육 실험의 장이다. 이 구조를 통해 난양공대는 학생들이 학문적으로 우수한 것을 넘어, 사회에 실질적 영향을 미치는 세계 리더로 성장할 수 있도록 준비시키고 있다. 그리고 한 프로그램을 혁신하는 데 그치지 않고 대학 전체의 교육 패러다임을 전환하려 노력하는 중이다. 난양공대의 교육 실험은 현재진행형이다.

르네상스 엔지니어링 프로그램과 융합 교육 교과 설계

나는 NITHM과 동시에 또 다른 교육적 플랫폼의 설계에도 참여했다. 2011년 부임과 더불어 난양공대가 새롭게 출범한 르네상스 엔지니어링 프로그램Renaissance Engineering Programme, REP의 초대 부소장 겸 초대 펠로로 임명된 것이다.[18]

REP는 난양공대 공대의 간판 프로그램으로, 학부와 석사를 4.5년에 걸쳐 동시에 취득하는 장기 통합 교육과정이다. 공학 학사와 기술 경영 석사를 동시에 수여하며, 미국 UC버클리, 스위스 취리히 연방공대, 영국 임피리얼 칼리지 등에서 1년간의 국제 연수를 제공하는 세계 최고 수준의 융합 교육과정이다.[19]

특히 REP 펠로 제도는 난양공대 내부에서 최고의 교수진만 선정해 핵심 강의를 맡기는 자리로, 나는 초대 펠로로 참여했다. 새로운 시도인 만큼 자신감을 갖고 기존의 수업 방식을 완전히 폐지하고 인터랙티브 코스 위주의 수업을 준비했다. 강의 내용과 읽기 자료를 미리 전달하고 이것을 바탕으로 심화 Q&A에 집중하는 방식이었다. 모든 수업은 전통적인 강의 방식이 아닌 토론 기반의 문제 해결 중심 수업으로 설계했는데, 이것이 큰 반향을 불러왔다.

REP 시작 당시에는 소수정예를 표방했다.[20] '한 명의 인재가 나라를 바꾼다'라는 캐치프레이즈를 바탕으로 30명 안팎의 소수 반을 유지하면서 대부분 펠로십 바탕으로 교수진과 학생 간 토의 수업을 진행했다. 강의실 구조 자체도 원형 탁자에서 마주 보면서 그룹별로 토의를 할 수 있는 구조였다.

매년 교육 내용을 업데이트하면서 지금까지 14년간 강의를 지속해오고 있으며, 토론을 중시하는 팀 기반 학습과 산업 프로젝트 기반 온라인 실험 교육이 그 핵심이다. 강의 과목 역시 해마다 변화를 주며 최신 산업 기술과 연구 트렌드를 반영해왔고, 스타트업 프로젝트 및 비즈니스 전략 강의도 포함되어 있다.

학생들은 노스 힐 기숙사에 배정되며, 애플, 다이슨, 맥킨지 등 글로벌 기업 인턴십, 연간 연구 자금 지원, 그리고 전용 장학금 혜택을 받으며 교육받는다. 입학 경쟁률은 통상 10% 미만이며, 졸업생들은 싱가포르의 국책 프로젝트는 물론 글로벌 기업, 세계 유수 대학원으로 진학하며 성공적인 경로를 밟고 있다.

REP의 커리큘럼은 다음과 같이 구성된다.[21]

표 3.3 REP 커리큘럼

연차	주요 구성
1~2년	• 공학·과학 기초: 수학 Ⅰ·Ⅱ, 화학·생물공학, 전기·정보공학, 역학, 재료·제조, 열역학·전자기학, 공학 계산 • 비즈니스 기초: 경영 관리, 회계, 리더십, 재무 관리, 마케팅 • 교양·협업 핵심: 글쓰기, 디지털 리터러시, 윤리·시민성, 웰빙, 지속 가능성, 진로·기업가 정신, 과학기술 인문 소양 • AI·데이터: 데이터 과학·AI 입문, 엔지니어 소통 르네상스 디자인 Ⅰ&Ⅱ 팀 설계 프로젝트
2년	• 전공 심화 개시: 항공우주, 바이오, 화공·생체, 토목, 컴퓨터·SW, 전자·전기, 환경, 재료, 기계공학 등 • 르네상스 디자인 Ⅰ&Ⅱ 심화 설계 프로젝트 지속
3년	• 글로벌 경험: 1년 해외 대학 파견 + 현지 기업 인턴십 • 전공 심화 및 선택과목 이수
4~5년	• 기술 경영 석사: 리더십 고급 과정, 생성형 AI & 웹3, 윤리·거버넌스, 운영·공급망, 디지털 전환, 지적재산권, 시스템 사고, 창업 전략 실무 • 캡스톤 비즈니스 전략 및 창업 프로젝트 수행

실제로 REP 졸업생 중 다수는 의료 기술medtech 기반 스타트업 12곳 이상을 공동 창업했으며, 구글 X, 테슬라 AI 랩, 맥킨지 등으로의 취업도 이어졌다. 창업 기업 중 일부는 엔티유이티브, 싱가포르 기업청의 초기 투자를 받았고, 동남아시아 시장 진출까지 이어진 사례도 있다.[22]

요약하자면, NITHM과 REP는 연구소나 학위 과정에 머물지 않았다. 나는 그 두 축에서 조직 설계자이자 교육 플랫폼 기획자, 실행 책임자로 활동하며, 난양공대의 글로벌 전략과 연구·교육 혁신을 실현하는 과정에 깊이 관여했다. 초기 기획부터 구조 설계, 실행, 그리고 국제적 확장까지 전 과정에 참여했고, 그것은 '보직'의 경계를 넘어서는 일이었다. 난양공대라는 대규모 조직을 하나의 살아 있는 지식 생태계로 설계하는 일이었으며, 결국 학술적 이상과 제도적 현실을 통합해가는 실천적 연구 그 자체였다.

그리고 여기에 하나의 흥미로운 통찰이 덧붙여진다. 바로 싱가포르의 고등교육 전략에서 외국 인재를 활용하는 방식이다. 싱가포르는 단순히 해외 석학을 '수입'하는 것이 아니라, 현지 리더십과 외국 전문가 간의 전략적 짝짓기pairing를 통해 제도적 지식과 혁신적 추진력을 결합한다. 실제로 난양공대의 리더십 구조를 보면 이 전략이 일관되게 작동하고 있음을 알 수 있다.

예를 들어 내가 난양공대에 처음 부임했을 당시 총장은 스웨덴 출신의 세계적 생화학자였지만, 그 이전 총장은 싱가포르인이었다. 이후 안데르손이 총장이 되자, 프레디 보이라는 싱가포르인이 프로보스트 자리에 올랐다. NITHM에서도 같은 논리가 적용됐다. 나와 함께 공동으로 연구소를 구축한 소장 수부 벤카트라만Subbu Venkatraman은 미국에서 오래 활동한 싱가포르계 인도인이었고, REP도 싱가포르인 소장과 외국인 부소장(필자)으로 구성됐다.

이 같은 구조는 단순한 정치적 안배가 아니다. 제도적 지속 가능성과 글로벌 혁신력의 균형, 그리고 역량 이전의 체계화라는 측면에서 매우 정교하게 설계된 싱가포르식 시스템이다. 이 전통은 오늘날까지 유지되고 있으며, 현재 난양공대의 총장은 싱가포르 출신이고, 프로보스트는 유럽계 외국인이라는 하이브리드 거버넌스 구조가 그대로 이어지고 있다.

즉 싱가포르는 **외국인 인재를 단순히 '활용'하는 것이 아니라, 조직 내에서 제도화된 상보적 리더십 구조를 설계함으로써 그들의 역량이 싱가포르 시스템 내에서 지속적으로 뿌리내릴 수 있도록 만든다.** 이것이 내가 난양공대에서 경험한 격동의 좌충우돌을 통해 얻은 가장 중요한 통찰 중 하나였다. 외국인과 자국 인재가 서로 대체재가 아닌 보완재로 작동하는 체계가 바로 싱가포르형 과학정책의 본질이며, 나는 그 실험의 한복판에서 체제를 실제로 설계하고 실현하는 역할을 수행한 것이다.

교육자와 연구원이
동반 성장하는 연구실

대규모 연구비와 함께 주어진 기회는 한편으로는 축복이었지만, 한편으로는 연구뿐 아니라 새로운 연구실을 세우고 팀을 구성해야 하는 책임이 주어진 것이었다. 당시 난양공대는 빠르게 부상하던 신흥 과학기술 중심 대학이었고, 나에게 이 공간은 실험실의 개념을 넘어 새로운 과학적 공동체를 구성할 수 있는 생태계였다. 그렇기 때문에 나는 연구비로 프로젝트를 수행하는 데 집중하기보다 어떤 철학과 정체성을 지닌 연구실을 만들 것인지에 대한 근본적인 질문을 먼저 던졌다.

난양공대는 이미 다국적이고 다문화적인 학문 공동체로 성장하고 있었다. 당시 총장이었던 안데르손 교수는 스웨덴 출신으로, 노벨위원회를 이끈 경력을 바탕으로 난양공대의 국제화와 학제 간 융합 연구를 강력하게 추진하고 있었다.[23] 그의 영향 아래 난양공대는 유럽과 북미 출신 교수들을 적극적으로 영입하며 교원 구성의 약 60% 이상을 외국인으로 채웠고, 박사과정과 박사후 과정에도 국제 인재가 다수 활약하고 있었다. 이처럼 제도와 문화가 유연하게 맞물리는 환경은 나로 하여금 자연스럽게 '다양성'을 중심으로 연구 팀을 설계하게 만들었다.[24]

그러던 어느 날, 미국에서 뜻밖의 연락을 받았다. 내가 스탠퍼드에서 박사후 연구원으로 있을 당시 인연이 있었던 조슈아 잭먼의 연락이었다. 그는 당시 플로리다대에서 베크만 펠로로 스탠퍼드를 방문했고, 그때 인연으로 내가 그를 지도하면서 학부생 신분으로도 〈랭뮤어Langmuir〉에 2편의 논문을 출판해[25] 이를 바탕으로 MIT의 HST Harvard-MIT Health Sciences and Technology 프로그램에 진학했다. 이는 MIT 박사과정 중에서도 가장 경쟁률이 높고 선발 기준이 엄격한 프로그램으로 알려져 있다. 나는 그가 단지 축하 인사를 전하려 연락한 것이라 생각했으나, 그는 진지하게 말했다. "MIT를 자퇴하고 교수님 밑에서 박사과정을 진행하고 싶습니다."

처음엔 솔직히 당황스러웠다. 아무리 난양공대가 빠르게 성장하는 신흥 대학이라 해도, MIT의 이름값과 그곳에서 잡을 수 있는 기회를 포기한다는 건 상식적으로 이해하기 어려웠다. 나는 그에게 한 번 더 깊이 생각해보라고 조언했다. 하지만 그의 논리는 단순하고도 분명했다. 그에게 중요한 것은 '학교의 이름'이 아니라 '함께 일할 수 있는 동료'였고, MIT에서는 1년에 겨우 1~2회 지도

교수와 면담할 수밖에 없는 구조였던 반면, 난양공대에서는 나와 함께 직접 연구를 기획하고 실행할 수 있다는 점이 결정적이었다. 그의 말을 듣고 나는 '연구의 본질이 무엇인가'라는 질문을 나 자신에게 재차 던졌다.

결국 그는 MIT 박사과정을 중단하고 난양공대 박사과정에 지원했다. 그가 지원한 제도는 난양공대의 총장 박사과정 장학제도 President's PhD Scholarship였다. 이 제도는 난양공대에서 가장 경쟁력 있는 박사과정 지원 프로그램으로, 학문적 우수성과 연구 잠재력을 인정받은 학생에게 혜택이 주어진다. 전액 장학금과 함께 매월 충분한 생활비, 학회 및 국제 연수 지원금, 연구비 등이 포함되어 있으며, 난양공대의 전략적 연구 분야에서 세계적 수준의 연구자와 공동 연구할 수 있도록 설계된 엘리트 트랙이다. 원칙적으로는 싱가포르 내 학사 출신의 최상위 인재를 대상으로 하며, 싱가포르 국적자에게만 해당되는 프로그램이었다.[26]

나는 당시 난양공대 프로보스트와 총장에게 조슈아의 연구 성과, 우수한 HST 프로그램 수료 기록, 그리고 그가 난양공대에서 창출할 수 있는 시너지에 대해 조목조목 설명한 이메일을 보냈다. 기존 규칙을 바꾸는 일은 생각보다 쉽지 않은 과정이었다. 수개월이 넘는 치열한 교신과 조율 끝에, 난양공대는 마침내 조슈아 잭먼을 난양공대 역사상 최초로 해당 장학제도의 혜택을 받을 외국인 장학생으로 공식 선발했다.

이 결정은 단지 한 명의 박사과정 학생이 선발되었다는 것 이상의 의미를 지니고 있었다. 그것은 **난양공대가 제도의 경계를 유연하게 해석하고, 우수한 국제 인재를 받아들이기 위해 규범을 재설계할 수 있는 기관이라는 것**을 보여준 상징적 사례였다. 이를 통해 서울대 출신 박수현 박사 역시 해당 제도의 두 번째 외국인 장학생으로 선발됐고, 현재는 독일의 유수 연구 기관에서 박사후 과정을 수행하고 있다. 한 연구 그룹에서 2명의 외국인 장학생을 배출한 것은 이례적인 성과였고, 난양공대가 글로벌 인재 유치의 흐름 속에서 어떻게 제도적 실험을 감행했는지 보여주는 순간이었다.

학문으로 이어진 '확장 가족'

난양공대에 처음 부임해 연구실을 설계할 때부터 나는 이곳이 실험과 데이터 생산에만 집중하는 공간이 되길 원하지 않았다. 서로 다른 국적과 전공, 그리고 전혀 다른 삶의 궤적을 지닌 사람들이 모여 서로의 경험과 생각을 나누는 공동체가 되길 바랐다. 그래서 이곳을 '확장된 가족Extended Family'이라고 불렀다. 이 이름은 그저 멋을 부리기 위한 장식이 아니었다. 다양성은 나의 전략이자 철학이었고, 사람을 뽑을 때도 기술적 역량이 아니라 질문을 던지는 방식과 세상을 바라보는 태도를 보았다. 우리에게 융합은 특정 프로젝트에서만 일어나는 일이 아니라, 우리가 존재하는 방식 자체였다.

연구실 이름도 함께 변해왔다. 단순한 리브랜딩이 아니라 변화와 갱신을 우리 정체성의 일부로 받아들인다는 선언이었다. 연구실은 구성원들과 함께 생명체처럼 성장하고 변모해왔다.

그 과정에서 어느덧 100명이 넘는 유라시아 연구원 그룹이 '중개 과학'에 가치를 두고 세계 여러 나라의 학계, 산업체, 정계에서 활동하고 있고, 현재는 30명의 가족이 더 생겨서 새로운 확장 가족이 형성됐다. 그중 이번에 졸업한 아흐마드 알바르가 있다. 연구 중 우리는 종종 끈기에 대해 말하곤 했다. 아흐마드는 우리 연구실에 들어오기 훨씬 전부터 그 가치를 몸소 실천해왔다.

그는 부모님을 어린 나이에 모두 떠나보낸 친구였다. 지갑에 거의 아무것도 없는 상태에서 새롭게 시작해야 했던 그는 교육이 지식뿐 아니라 인내와 희망, 그리고 용기를 배우는 과정임을 누구보다도 확실하게 보여주었다.

난양공대에서 석사과정을 밟는 동안 그는 학위를 준비하는 학생에 머물지 않고 리더십을 발휘했고, 동료들을 대표했으며, 늘 주변 사람들을 격려했다. 그에게서 석사학위를 훨씬 넘어설 수 있는 잠재력을 본 나는 박사과정을 제안했다. 이 쉽지 않은 길을 그는 진지하게 고려했고, 학문과 더 나은 미래를 향한 확고한 의지를 보였다.

아흐마드의 이야기는 개인의 서사에 그치지 않는다. 내가 말하는 '확장된 가족'의 의미를 그대로 보여준다. 훌륭한 연구실은 단순히 프로젝트의 모임이 아니라 살아 있는 사람들이 모인 생태계다. 멘토링이 실험실의 벽을 넘어 확장되고, 대화가 주말까지 이어지며, 각자의 삶의 경험이 과학적 탐구를 더 깊고 넓게 만드는 곳이다.

우리의 확장된 가족은 각자의 전문 지식뿐 아니라 삶의 이야기를 함께 나누는 사람들로 이루어져 있다. 서로의 도전과 승리를 공유하며, 다양성이 필수적인 가치로 자리 잡는다. 나는 과학이 본질적으로 인간적인 여정이며, 실험실 밖에서 가장 치열한 싸움을 겪은 사람들이 때로는 실험실 안에서 가장 위대한 발견을 만든다고 믿는다.

그래서 앞으로도 우리는 학문과 배경, 국적과 언어를 넘나드는 사람들과 함께할 것이다. 그들이야말로 이 연구실의 또 다른 이름, '확장된 가족'의 진정한 구성원이기 때문이다.

밑의 글은 최근 아흐마드가 졸업하면서 링크드인에 올린 글과 내 답변을 번역한 것이다.

오늘, 저는 단순히 졸업을 기념하는 것이 아닙니다.
저는 한 여정을 기립니다.
희망과 기도, 그리고 절대 포기하지 않겠다는 마음뿐이었던 그 여정 말입니다.

알함둘릴라, 저는 싱가포르 난양공대에서 재료과학·공학 석사 과정을 공식적으로 마쳤습니다. 누군가에겐 그저 또 하나의 졸업 소식일 수 있겠지만, 저에게 이 순간은 조용한 승리입니다. "넌 못해"라고 말하던 모든 목소리에 대한 승리, 굶주린 채 잠든 수많은 밤에 대한 승리, 그리고 내일을 버틸 수 있을지 몰라 불안했던 모든 아침에 대한 승리입니다.

저는 태어날 때부터 특권을 가진 사람이 아니었습니다. 아버지는 제가 태어날 당시 예순이 넘은 농부였고, 어머니는 시장에서 채소를 팔며 하루를 마무리하곤 했습니다. 때로는 제값도 받지 못하고 돌아오셨습니다. 어쩌면 그것이 제게 주어진 유일한 '특권'이었는지도 모릅니다.

어린 시절부터 저는 용돈을 벌기 위해서가 아니라 학업을 이어가기 위해 일을 했습니다. 간식을 팔고, 노동자가 됐으며, 새 공책을 살 수 없어 버려진 공책 뒷장에 글을 썼습니다. 헌 옷을 크리스마스 선물처럼 소중히 입었습니다. 학교에 가기 위해 매일 언덕과 골짜기를 넘어 8~10킬로미터를 걸었습니다. 이것은 이야기가 아니라 현실이었습니다. 그리고 삶이 더 이상 저를 시험할 수 없다고 생각할 때, 또다시 시련이 찾아왔습니다. 고등학교 때 어머니를 잃었고, 이후 아버지마저 세상을 떠나셨습니다. 졸업식 날, 부모님과 함께 사진을 찍는 친구들을 바라보며 저는 홀로 서 있었습니다. 이미 두 분 다 땅으로 돌아가셨으

니까요. 그 순간부터 저는 완전히 혼자가 됐습니다.

학사 학위를 마친 후, 저는 영어를 배우겠다는 꿈 하나만 생각하며 섬을 떠났습니다. 교육이 언젠가 나를 구해줄 것이라는 믿음이었습니다. 자바섬에 도착했을 때, 지갑에는 단 25만 7,000루피아(약 2만 원)뿐이었습니다. 그리고 첫날, 수라바야 터미널에서 사기를 당해 25만 루피아를 잃었습니다. 남은 건 7,000루피아. 제대로 된 밥 한 끼도 살 수 없는 돈이었습니다. 배고픔과 무거운 마음으로 앉아 하나님께 물었습니다.

"저를 이렇게까지 시험하셔야 합니까?"

그러나 그 순간은 저를 부수지 않고 오히려 저를 단련시켰습니다. 몇 년 후, 저는 인도네시아에서 가장 경쟁이 치열한 장학금 중 하나인 LPDP 장학생으로 선발됐습니다. 그리고 싱가포르에서 저는 단순히 공부만 한 것이 아니라, 온 마음을 다해 매사에 임했습니다.

1. LPDP 싱가포르 부대표

2. 재료과학·공학대학원 학생 대표

3. PGC Class Champion 수상 등

하지만 직함보다 더 중요한 건, 제가 이곳에서 '집'을 찾았다는 것입니다.

조남준 교수님, 제가 가능하다고 생각하지 못한 한계를 넘어설 수 있도록 이끌어주시고, 생존만 바라보던 저에게 가능성과 가치를 보아주셔서 감사합니다. 난양공대 재료과학·공학부, 단순한 학교가 아니라 가족이 되어주셔서 감사합니다. 제가 성장하고 목소리를 찾을 수 있는 공간을 주셔서 감사합니다. 인도네시아 교육기금청, 오직 야망뿐이던 시골 소년에게 기회를 주셔서 감사합니다. 학업을 지원해주셨을 뿐만 아니라 제 인생을 바꿔주셨습니다. 난양공대, 저에게 플랫폼과 사람, 그리고 가능성을 주셔서 감사합니다.

상처 많은 한 소년이 꿈꿀 수 있게 해주셨습니다. 이것이 길의 끝은 아닙니다. 하지만 오늘만큼은 제가 걸어온 길을 잠시 멈춰 서서 되돌아봅니다. 그리고 그 거리가 얼마나 먼지, 가슴 깊이 새깁니다.

이 글에 대한 나의 답변은 아래와 같았다.

아흐마드 알바르가 제 사무실 문을 열고 들어왔던 순간을 저는 아직도 기억합니다. 그의 눈에는 조용한 자신감과 여기까지 오기 위해 길고 험한 여정을 걸어온 사람만이 지닐 수 있는 강인함이 자리하고 있었습니다.

난양공대에서 아흐마드가 석사과정을 밟는 동안, 저는 그가 우리 연구실에 가져온 것이 단순한 기술적 역량을 넘어선 것을 가져왔다는 사실을 알게 됐습니다. 그것은 수년간의 어려움을 극복하며 다져진, 흔들리지 않는 결의였습니다.

연구에서는 종종 끈기에 대해 이야기합니다. 실험이 실패했을 때, 데이터가 맞아떨어지지 않을 때, 앞으로의 길이 보이지 않을 때도 계속 나아가려는 의지 말입니다. 아흐마드는 우리 프로그램에 들어오기 훨씬 전부터 이미 그 가치를 온전히 몸소 실천하고 있었습니다. 그의 이야기는 진정한 교육이란 단지 지식을 쌓는 것을 넘어 인내, 희망, 용기를 배우는 과정임을 보여줍니다.

저는 평일뿐 아니라 주말에도 학생들이 가능하다면 자주 만나 이야기를 나눕니다. 멘토와 학생 사이의 성장은 끊임없고 열린 대화를 통해 이루어진다고 믿기 때문입니다. 아흐마드는 언제나 대화할 준비가 되어 있었고, 질문을 던졌으며, 다시 시도했습니다. 연구실에서, 또는 일요일 오후 카페에서 우리의 대화는 실험 이야기에 그치지 않고 인생과 선택, 그리고 불확실함 속에서도 계속 나아가는 용기에 관한 이야기로 이어졌습니다. 아흐마드는 재능 있는 젊은 과학자입니다. 저는 그에게서 석사 수준을 훨씬 넘어 기여할 수 있는 잠재력을 보았고, 그래서 박사과정과 추가 연구 훈련을 제안했습니다. 쉽지 않은 길임을 알면서도 이러한 기회를 진지하게 고민하는 그의 모습에서, 학문에 대한 열정과 더 나은 미래를 향한 의지가 분명하게 드러났습니다.

이곳에서 아흐마드는 단순히 학위를 이수한 것 이상의 일을 해 냈습니다. 동료들을 대표했고, 리더 역할을 맡았으며, 주변 사람들을 꾸준히 격려했습니다. 그는 저와 많은 이들에게 재능은 어디에서든 나올 수 있으며, 때로 가장 뛰어난 과학자는 실험실 밖에서 가장 치열한 싸움을 이겨낸 사람이라는 것을 다시금 일깨워주었습니다.

아흐마드, 저는 당신이 과학 분야에서뿐만 아니라 삶에서 이뤄 낸 모든 것을 진심으로 자랑스럽게 생각합니다. 당신의 여정은 앞으로도 많은 사람, 그리고 저에게조차 끈기의 힘과 교육의 변혁적 가치를 믿게 할 것입니다.

이것은 단순한 졸업이 아닙니다. 당신이 모든 어려움을 이겨내며 걸어온 발걸음 하나하나가 만들어낸 승리입니다. 앞으로 당신의 다음 걸음을 기대하며 지켜보겠습니다.

편지 내용과 같이 연구원들과의 교류, 학문의 진보는 졸업으로 멈추지 않는다. 졸업은 또 하나의 시작이다. 우리는 앞으로도 학문과 배경, 국적과 언어를 넘나드는 사람들과 함께할 것이다. 그들이 야말로 우리 그룹의 또 다른 이름, '확장된 가족'의 진짜 구성원이기 때문이다.

실험실과 세상을
'중개'하는 연구실

교수로 임용되고 나면 가장 먼저 마주하는 숙제 중 하나는 연구실을 만드는 것이다. 연구실 설계는 물리적 실험 공간을 확보하는 것뿐 아니라, 실험실의 철학과 기능, 그에 필요한 사람과 장비, 공간을 설계하는 종합적 과정이다. 난양공대에 부임한 직후 나는 바로 이 숙제를 마주했다. 연구실을 세운다는 것은 곧 팀을 꾸리고, 장비를 들이고, 공간을 조직하고, 수업 커리큘럼을 구성하고, 행정과 연구비까지 동시에 관리해야 한다는 의미였다. 특히 실험 기반 연구자라면 연구실 세팅은 '창업'과 다름없는 복합적 작업이다.

그런데 난양공대에서 한 가지 흥미로운 점을 발견했다. 당시 대부분의 실험실은 '공동 랩shared lab' 형식으로 운영되고 있었다. 개인 연구실을 독립적으로 할당하는 구조가 아니라, 유사 분야의

대학의 미래는 싱가포르에 있다

교수들이 넓은 공간 하나를 나누어 사용하는 시스템이었다. 처음에는 이 구조가 낯설었지만, 공동 랩에는 분명 장점도 존재했다. 고가의 실험 장비를 공동으로 운용할 수 있고, 물리적 인접성을 통해 교수들 간 자연스러운 협업을 유도할 수 있다.

하지만 내가 추진하고자 했던 연구는 공학과 의학, 재료과학과 생명공학을 넘나드는 탈경계적 성격을 띠었기에 독립적인 연구 공간과 일관적인 실험 환경이 필수였다. 내가 다루려는 하이드로젤 기반 조직 재생이나 바이오 막 인터페이스 실험은 여러 민감한 변수가 얽혀 있었고, 그로 인해 장비 세팅과 공간 제어가 굉장히 중요한 요소였다. 그래서 학교 측과 논의한 끝에 독립된 공간을 제공받기로 했지만, 배정된 공간은 이전 사용자와의 계약 만료까지 4개월을 기다려야만 했다. 부임은 6월이었고, 실험실에 실제 입주 가능한 시점은 10월이었다. 그 공백은 시간 낭비일 뿐 아니라, 실험실 창설의 관성과 속도 모두를 위협하는 장애물이었다.

연구실의 정체성 역시 고민의 일부였다. 많은 신임 교수가 임용되면 정신이 없다. 임용되는 순간부터 '테뉴어 시계Tenure Track Clock'가 시작되기 때문이다. 이런 연유로 통상 자신의 이름을 따서 실험실을 명명하곤 하지만, 나는 실험실의 이름이 연구자의 이름이 아니라 연구의 방향성을 반영하길 원했다. 그리고 이 철학과 정체성의 부합하는 인재를 모았다. 같은 분야가 아닌 같은 연구 철학에 부합하는 인재들 말이다. 내가 선택한 단어는 바로 **'중개**

translational'였다. 원래 이 개념은 의학 분야의 중개 의학에서 비롯된 것이다. 중개 의학은 기초연구에서 도출된 지식과 발견을 환자 치료와 실질적 응용으로 '옮겨 가는, 혹은 실행하는translate' 과정에 초점을 둔 학문이다.[27] 보다 넓게는 중개 과학이라 불리며, 과학적 발견이 실제 사회적 가치로 연결되도록 하는 다학제적 연구의 가교 역할을 한다.[28] 즉 실험실의 아이디어를 기술로 이어지게 하고, 기술이 다시 산업과 정책으로 이어지게 하는 지식의 흐름을 설계하고 실행하는 학문이다.

이 개념을 기반으로 내 연구실은 처음에는 중개 과학 그룹Translational Science Group, TSG이라는 이름으로 출발했으며, 이후 공학 기반 중개 과학의 정체성을 명확히 드러내고자 중개 과학 공학Engineering in Translational Science, ETS으로, 최근에는 소재 혁신을 전면에 내세운 중개 소재 혁신 그룹Translational Materials Innovation Group, TMIG이라는 이름으로 진화해왔다.

특이한 점은 이 연구실이 5년마다 이름을 바꾸는 '다이내믹 네이밍' 방식을 실험적으로 도입했다는 것이다. 단순한 리브랜딩이 아니라 '변화'와 '갱신'을 연구실 정체성의 일부로 받아들이기 위한 시도였다. 각 이름은 단절이 아닌 연속과 공진화co-evolution의 흐름 위에 있다. 특히 이 5년 주기의 명칭 변화는 학생들과 연구실의 정체성이 함께 진화한다는 상징적 의도를 담고 있으며, 연구실 구성원들과 교수 사이의 공동 성장을 시각화하기 위한 장치이기도

하다.

이제 2026년 6월이 다가오면서 새로운 5년의 시작을 준비하고 있다. 현재 다음 이름은 무엇이 될지 구성원과 논의를 시작했다. 아직 확정되진 않았지만, 그것 역시 시대적 맥락과 연구실 구성원들의 방향성을 반영하는 공동 선언이 될 것이다. 연구소를 책임지는 연구책임자가 정하는 것이 아니라 구성원, 즉 연구원들이 같이 정해나가며 시너지를 창출하는 선언이다.

연구실을
지속 확산하는 펀딩

나는 그동안 주저하지 않고 펀딩 전략을 구체화하는 데 집중했다. 난양공대와 싱가포르 정부의 연구 지원 시스템은 구조적으로 잘 설계되어 있었다. 연구 경력에 따라 단계별로 1등급부터 3등급까지 나누어져 있으며, 이를 활용한 자금 조달 전략이 연구실의 생존과 성장에 직결됐다.[29] 그 내용을 간단히 정리하면 다음과 같다.[30]

표 3.4 난양공대와 싱가포르 정부의 연구 지원 시스템

연구비 유형	대상 및 목적	지원 규모	지원 기간	특징
학술 연구기금 (AcRF) 1등급	• 대상: 난양공대 전임교원(연간 최소 9개월)인 연구책임자 및 공동 연구책임자	• 총 5,000~20만 싱가포르달러	• 3년	• 테마형 (thematic) 집중 지원

	• 목적: 연구 역량 강화, 신진 인재 육성, 연구 분야 확장, 신규 연구 시드 지원			• 소규모 시드 펀딩으로 신규 아이디어 발굴 및 가속화
학술 연구기금 2등급	• 대상: 싱가포르 자율 대학 전임 교원인 연구책임자와 공동 연구 책임자	• 5,000~20만 싱가포르달러	• EP2 · EP4: 3년 • EP3: 3~5년	• 광범위한 분야 • 중견 연구자 대상 • EP2/3/4 단계별 지원 기간 차등화
학술 연구기금 3등급	• 대상: 싱가포르 자율대학 전임 교원인 연구책임자와 공동 연구 책임자 • 목적: 최우수 아이디어 지원, 대학 내 · 간 시너지 창출, 세계적 연구자 양성 • 장기 연구 역량 구축	• A타입: 500만~1,000만 싱가포르달러 • B타입: 1,000~2,500만 싱가포르달러 • C타입 2,000~4,500만/ 5,000만 싱가포르달러	• A · B타입: 5년 • C타입: 7년	• 대형 · 장기 프로젝트 전용 • 다학제 · 대규모 연구팀 구성 유도 • 인프라 구축 및 지속 가능 연구 기반 조성
국립연구 재단 경쟁 연구 프로그램	• 대상: 공립 · 사립 고등 교육기관(IHL), 공공의료기관, A*STAR 산하 연구소, CREATE, AU/RI 소속 연구책임자(민간은 협력자 가능) • 목적: 문제 해결형 기초 연구, 다학제 팀 구성	• 직접비 미기재 • 간접비는 직접비의 30%	• 3~5년	• 국가연구재단 주관의 경쟁형 프로그램 • 학제 간 협력 강조 • 사회 영향력 중심 연구 장려
국립의학 연구회 지원 프로그램	• 대상: 신규 임용 조교수 · 테뉴어 트랙 무테뉴어 조교수 대상 • 목적: PHRG – Open의 경우 중 · 장기 보건 · 의료 연구 지원	• 26만 싱가포르달러	• 2년, 환자/피험자 모집 시 3년	• 신진 의과학자 지원 전용 • 초기 연구 착수 자금 제공

그중에서도 나는 초기 펀딩을 초과한 전략을 구상하고 있었다. 국가연구재단 펠로십과 난양공대 부교수직을 통해 약 500만 싱가포르달러 이상을 확보했지만, 그것으로는 충분치 않았다. 나는 크고 지속 가능한 연구실 생태계를 구상하고 있었고, 그 구상의 실현을 위해선 보다 확장된 국가 지원 프로그램이 필요했다.

그 시점에서 내가 주목한 것이 바로 경쟁 연구 프로그램Competitive Research Programme, CRP였다. 이 프로그램은 다학제 기반의 팀형 대형 과제로, 보통 3인 이상 공동 연구자로 구성해야 하며, '문제 해결형 기초연구use-inspired basic research'를 기반으로 한 연구 제안만 채택된다.[31]

당시 나는 난양공대 에너지연구소장의 추천으로 에너지 소재 관련 제안을 준비하고 있었고, 실제로 제안서를 작성하던 도중 그가 연구총책임자main PI 자리를 요청해왔다. 당시의 나는 연구책임자와 연구총책임자의 차이를 명확히 인지하지 못했고 기계적으로 동의했지만, 후에 알게 된 바로는 이는 연구 전체의 지휘권을 넘기는 매우 중대한 결정이었다.

그러나 나는 동시에 또 다른 CRP 제안을 준비 중이었다. 스탠퍼드 시절부터 수행하던 하이드로젤 기반 조직 재생 연구와 연계성이 있는 프로젝트로 간 재생에 관한 내용이었다(Liver Tissue Engineering). 듀크-NUS 의대의 임상 교수, 그리고 난양공대 재료과학 교수와 함께 팀을 구성해 독립적으로 제안서를 제출했다. 결과는 성공이었다. 난양공대에 부임한 지 불과 8개월밖에 되지 않았을 때 700만 싱가포르달러(한화 약 70억 원) 규모의 CRP 펀딩 수주에 성공한 것이다.

학교 안팎에서는 놀랍다는 반응이 이어졌다. 보통 CRP는 교수 임용 후 최소 5년에서 10년 이상 경력이 있는 연구자들이 겨우 도전해볼 수 있는 프로젝트였다. 내가 그런 정보를 몰랐다는 점이 오히려 다행이었다. 무지했기에 겁도 없었고, 겁이 없었기에 시도할 수 있었다. 그리고 그 시도가 새로운 연구 공간 확보 지연이라는 불리한 조건 속에서도 연구 팀을 전략적으로 설계하게 해준 결정적인 계기가 됐다.

CRP 수주 이후, 나는 본격적으로 연구실 인력을 구성했다. 여기서도 나는 전략적인 질문을 던졌다. 과연 연구 팀을 '국적 기반'으로 구성해야 할까, 아니면 '문제 해결 기반'으로 구성해야 할까? 미국, 중국, 일본 등에서는 교수의 출신 국가와 동일한 인력으로 연구실을 채우는 경우가 많았다. 나는 이 구조에서 벗어나고 싶었다. 다양성이 곧 실험실의 창의력이며, 문제 해결의 시야를 넓히는 본질이라는 확신이 있었기 때문이다.

그 결과, 나는 난양공대에 부임한 초기에 9개국 이상에서 모인 30명 이상의 박사과정 및 박사후 과정 연구자로 '중개'라는 철학을 같이 구현할 인재가 전공에 상관없이 하나의 방향을 보는 실험실을 운영했다. 그 공간은 단지 실험을 위한 장소가 아니라, 사상과 기획, 전략이 살아 있는 생물 같은 곳이 됐다. 그리고 TSG의 출발은 단지 실험실 하나의 개설에 그치지 않고 새로운 연구 생태계를 싱가포르 한복판에서 구현한 사례가 됐다.

싱가포르
박사과정의 혁신

          싱가포르는 세계적 수준의 연구 인재를 확보하기 위한 국가 차원의 전략을 오랜 기간 지속적으로 추진해왔다. 이러한 전략의 핵심에는 싱가포르의 독특한 박사과정 제도와 그와 연계된 다양한 장학제도가 자리 잡고 있다. 싱가포르 난양공대의 박사과정은 글로벌 인재 유치와 우수한 연구 환경 조성을 목적으로 설계한 4년제 트랙을 기본으로 한다. 북미의 일반적인 박사과정보다 짧으면서도 보다 빠르게 연구 역량을 키울 수 있는 효율적 구조가 특징이다. 지원자들은 학사 졸업 후 곧바로 박사과정에 지원할 수 있어, 석사 학위를 필수로 요구받지 않는다. 따라서 학부 졸업 성적과 연구 잠재력이 주요 평가 기준이 된다.

          구체적인 입학 요건을 살펴보면, 우선 학사 학위 성적은 최소 2등급 상위Second Class Honours Upper 이상의 아너스 학위 혹은 이에

준하는 학업 점수(CGPA 3.2 이상)가 필요하다. 또 대학원 입학시험 GRE 점수를 필수로 요구하는 경우가 대부분이고, GRE의 수리와 언어 추론 영역 합산 점수가 최소 319점 이상이면서 영역별로 최소 149점, 분석적 작문은 최소 3.5 이상의 점수를 확보해야 한다. 스탠퍼드 등 아이비리그의 가이드라인과 거의 같은 수준이다. 단, 인도 출신 지원자의 경우 GRE 대신 GATE 시험 백분위 90% 이상의 점수를 제출할 수 있다. 지금도 이러한 성적 요건을 최소 기준으로 유지하고 있다.

영어 능력의 경우, 지원자가 학부 또는 석사과정을 영어로 이수하지 않았다면 토플 100점 이상 또는 아이엘츠 6.5점 이상(실제로는 7.0 이상을 권장하는 경우가 많음)의 성적을 제출해야 한다. 경우에 따라 난양공대 자체 영어 시험인 EPT를 통해 기준을 충족할 수도 있다.

이와 함께 중요한 것이 연구 계획서다. 지원자는 지도교수가 진행하는 연구 분야와 밀접하게 연관된 맞춤형 연구 계획서를 반드시 제출해야 하며, 사전에 지원 예정 지도교수와 충분히 소통해 연구의 방향성과 실현 가능성을 논의하는 것을 권장한다. 이외에도 추천서와 커버 레터도 필수 제출 항목이며, 연구 경험과 성취, 관련 포트폴리오를 상세히 포함해야 한다. 마지막 관문으로 위원회와의 인터뷰도 빼놓을 수 없다.

난양공대의 박사과정에 입학한 학생은 첫 18개월 동안 임시

probationary 학생으로 등록되며, 이 기간 연구 역량 평가를 통해 정식 박사과정 후보PhD candidate로의 전환 여부가 결정된다. 3학기 종료 시점에 연구 자격시험을 통과하면 본격적으로 독자적인 박사 연구에 집중할 수 있는 자격을 얻는다.[32]

이와 더불어 교과목 이수 요건도 존재하는데, 2020학년도 이후 입학생의 경우 전체 18AU(AU는 학점 단위, 약 6과목)를 필수적으로 수강해야 하며, 석사 학위를 소지한 학생은 최대 3AU를 면제받을 수 있다. 기본적으로 박사과정 진행 기간은 표준 4년이고 특별한 사유가 있을 경우 최대 5년까지 허용되며, 추가로 1~2년 연장도 가능하다.[33]

이러한 박사과정 운영의 중심에는 다양한 장학 제도가 있으며, 대표적인 것은 다음과 같다.

표 3.5 싱가포르의 대표적인 박사과정 장학제도[34]

장학금명	지원 대상 및 조건	지원 분야	지원 내용	특징
싱가포르 과학기술청 대학원 장학금	•싱가포르 국민 및 비국민(싱가포르 대학 졸업 또는 예정자) •박사/공학 박사 진학 예정자 •2등급 우등 이상 성적, 연구 역량 강조	•생명과학, 물리과학, 공학, 컴퓨터과학 •4개 트랙: 기본/반도체/양자/컴퓨팅	•4년간 등록금 전액 •도서비, 컴퓨터비, 학회비, 논문비 지원 •최대 12개월 해외 연수 포함	•과학기술청 연구소 중심 연구 수행 •전일제 연구자 경력 지향 •학기 중 지원 가능

싱가포르 국제 대학원 장학금	• 싱가포르 외 국적자 • 박사/공학 박사 진학 예정자 • 과학 · 공학 연구 열정 보유	• 과학 및 공학 전반 • 과학기술청, 난양공대, 싱가포르국립대, 싱가포르기술디자인대, 싱가포르경영대, 싱가포르공과대	• 4년간 등록금 전액 • 월 2,700싱가포르달러(연구자격시험 통과 후 3,200싱가포르달러) • 정착비 1,000싱가포르달러 + 항공료 1,500싱가포르달러	• 무보증 장학금(bond-free) • 글로벌 연구 네트워크 형성 기회
총장 연구 장학금	• 학사 최고 우등 이상 졸업자 또는 예정자 • 국적 제한 없음, 싱가포르 국민/영주권자 우대	• 난양공대 내 전 학문 분야	• 등록금 전액 • 월 4,600~6,700싱가포르달러(전공 · 국적별 상이) • 도서비, IT비, 학회비, 논문비 지원	• 난양공대 총장이 수여하는 최고급 장학금 • 연구 · 리더십 역량 중시
난양공대/싱가포르 국립대 연구 장학금	• 모든 국적 박사과정자 지원 가능 • 2등급 상위 이상 성적	• 난양공대/싱가포르국립대 STEM 및 SSH 전 분야	• 등록금 전액 • 월 2,500~3,500싱가포르달러(전공 · 국적별 상이) • 연구 자격시험 통과 시 500싱가포르달러 추가	• 국제 학생은 GAP(대학 조교) 의무 근무 • 타 장학금 수혜/취업 불가 • 최대 4년간 지원 가능

이 중 특히 주목할 만한 제도는 2009년 출범한 싱가포르 국제 대학원 장학금Singapore International Graduate Award, SINGA이다. SINGA는 싱가포르 시민과 영주권자를 제외한 모든 외국인 이공계 인재를 대상으로 하는 국가 차원의 글로벌 펠로십으로, 싱가

포르 과학기술청과 난양공대, 싱가포르국립대, 싱가포르기술디자인대가 공동으로 운영한다. 이 제도의 혜택은 매우 풍성해 등록금 전액 면제는 물론, 입학 초기 월 2,200싱가포르달러(2025년 기준 2,700싱가포르달러), 박사 자격시험 통과 후 매월 2,700싱가포르달러(연간 3만 2,400싱가포르달러)의 생활비, 그리고 최초 싱가포르 입국 시 편도 항공권과 초기 정착비 1,000싱가포르달러를 제공해 경제적 안정성을 확보하고 연구에만 몰두할 수 있도록 지원한다.[35]

이러한 SINGA 제도의 배경에는 싱가포르 정부가 추진하는 국가 전략적 비전이 담겨 있다. 싱가포르는 2000년대 초반부터 제조업 중심의 경제에서 바이오 메디컬, 첨단 소재, AI 등 고부가가치 분야로 국가의 정책 중심을 이동시키면서 글로벌 최고 수준의 인재 확보를 가장 중요한 전략으로 삼았다. 특히 인구가 제한적인 싱가포르가 국내 인력만으로 연구 역량을 높여야 하는 한계를 극복하고자 전 세계의 우수 인재를 유치하는 방식으로 '인재 수혈'을 적극적으로 추진했다. 또 과학기술청의 첨단 인프라와 대학의 학문적 기반을 결합해 외국인 인재들에게 최적의 연구 환경을 제공하는 공동 글로벌 플랫폼을 구축하고자 했다.

이러한 싱가포르의 글로벌 인재 유치 전략은 국가 전략과 맞물려 변화한다. 최근 AI의 급격한 발전과 더불어 전 세계적으로 우수한 인재 확보 경쟁이 치열해지고 있다. 각국은 AI 분야의 기술을 선점하기 위해 국가 차원에서 전략적으로 투자하고 있으며, 특히

AI 연구를 선도할 박사급 인력의 중요성은 갈수록 커지고 있다. 이러한 글로벌 추세 속에서 싱가포르는 **AI 분야의 최상위 인재를 적극적으로 유치하고 육성하기 위해 새로운 형태의 혁신적인 박사과정 프로그램인 'AI 싱가포르 박사과정 펠로십 프로그램AI Singapore PhD Fellowship Programme'을** 도입해 실험적으로 운영하고 있다.[36]

이 프로그램은 싱가포르의 자율 대학, 예를 들어 난양공대 등을 중심으로 우수한 인재들이 고급 AI 연구를 수행하고, 이를 통해 세계적으로 경쟁력 있는 AI 알고리즘과 모델, 시스템을 개발하도록 설계한 특화 박사과정 장학제도다. 박사과정 기간인 최대 4년 동안 학생들이 연구에만 집중할 수 있도록 획기적인 재정적 혜택을 제공한다. 먼저 전 과정의 등록금이 전액 면제되며, 생활비로 매월 최대 6,700싱가포르달러(한화 약 670만 원 상당)라는 경쟁력 있는 금액을 지급한다. 학생들이 경제적 부담 없이 연구에만 몰입할 수 있도록 하기 위한 제도적 배려다.

또 이 프로그램은 연구자들이 국제적으로 인정받는 주요 학술대회나 학술지에서 연구 성과를 발표하도록 독려하며, 이를 위한 추가적 지원도 제공한다. 특히 AI 싱가포르가 별도로 선정한 최상위 AI 관련 국제 학술대회 및 주요 학술지에 논문이 채택될 경우, 최대 8,000싱가포르달러(약 800만 원)의 여행 경비가 지원된다. 이는 학생들이 적극적으로 국제적 연구 네트워크를 형성하고, 학술적 교류를 활발하게 할 수 있도록 돕는 중요한 혜택이다.

펠로십 프로그램은 싱가포르 내 AI 분야 인력의 공급과 순환을 촉진하기 위한 정책적 배려도 포함하고 있다. 장학 혜택을 받은 외국인 박사과정 학생의 경우, 졸업 이후 최소 2년 동안 싱가포르에 소재한 기업에서 근무할 의무가 있다. 이를 통해 싱가포르는 고급 AI 인력을 자국 내에서 활용하고, 장기적으로 산업 발전과 경쟁력 확보로 이어지도록 전략적으로 유도한다.

본 프로그램에 선발된 학생들은 엄격한 학술적 성과 기준을 만족해야 한다. 구체적으로 박사과정을 수행하는 동안 최소 4편 이상의 논문을 AI 싱가포르가 인정하는 'NRF 선정 상위 10% 목록 Top 10%NRF Approved List' 또는 '클래리베이트 선정 주요 과학 기술 Clarivate's Science and Technology(클래리베이트는 세계적인 학술 정보 분석 기관이다)' 등재 학술지 및 학술대회 메인 트랙에 주 저자로 발표해야 한다. 이는 싱가포르가 지원하는 연구 성과가 명확히 드러나도록 하기 위함이며, 국가의 글로벌 AI 위상을 지속적으로 높이고자 하는 의도다.

프로그램 지원 자격은 명확하게 설정되어 있다. 우선 싱가포르 국적자나 영주권자, 또는 아세안 국가 출신 지원자를 강력하게 우대하며, AI 관련 분야의 박사과정에 진학하거나 재학 중인 학생 중 학사 학위 성적이 최소 2등급 상위 이상이어야 한다. 특히 박사과정에 진학한 학생 중에서는 최소 2년 이상의 연구 기간이 남은 학생만 지원 가능하며, 기존 박사과정생보다 신규 박사과정생을 선호하는 방향으로 선발이 이루어진다. 또 박사과정 2년 차에 접어든 학생은 박사 자격시험을 통과하고, CGPA 5.0점 만점에 최소 4.0 이상을 충족해야 한다. 그뿐만 아니라 지원자는 AI 분야 주요 학술지 및 학술대회에서 우수한 논문 실적을 주 저자로 입증할 수 있어야 한다.

AI 싱가포르 박사과정 펠로십 프로그램의 도입과 운영은 전 세계적인 AI 인재 확보 전쟁에서 한발 앞서 나가려는 국가적 차원의 전략이자 실험이다. 이 프로그램은 AI 분야에서 최상위 인재 확보를 위한 강력한 유인책이자, 장기적으로 싱가포르가 글로벌 AI 허브로 성장하기 위한 핵심적인 인적 기반이 될 것으로 기대된다. 이러한 제도의 운영 철학은 전통적인 두뇌 유출을 넘어 '지식 순환'을 촉진하는 것이다. 즉 SINGA 장학생이 졸업 후 반드시 싱가포르에 잔류하지 않더라도 모국이나 제3국에서 글로벌 연구 활동을 지속하며 싱가포르와 장기적 협력 관계를 구축할 수 있도록 지원한다. 더 나아가 최근 새로 만든 박사 프로그램도 있다. 이들 프로그램을 통해 싱가포르는 글로벌 과학기술 네트워크의 핵심 노드로 자리 잡아 물리적 영토를 초월한 글로벌 지식 네트워크의 허브 역할을 하고 있다.

결국 싱가포르의 박사과정 제도와 SINGA 프로그램은 단순한 학문적 지원 체계가 아니라 국가의 미래 성장 전략과 밀접하게 연결된다. 전 세계의 젊고 유망한 과학자들이 싱가포르를 통해 꿈을 실현하는 동시에 싱가포르의 국가 발전과 글로벌 영향력 확대에 기여하는 선순환 모델을 만들어가는 것이 이 제도의 궁극적인 목표다.

한편, 나 또한 항상 살아 있는 유기체처럼 진화해온 우리 그룹을 통해 세계 각지에서 유망한 인재를 발굴하고, 그들끼리의 시너지 효과를 극대화할 수 있는 환경을 구축하기 위해 노력해왔다. 우리는 단순히 연구과제를 수행하는 구성체가 아니라, 서로 다른 문화와 배경이 융합된 공동체였고, 연구실은 교육철학을 위한 실험 무대이기도 했다. 특히 우리는 생물물리학 실험뿐만 아니라, 사회과학·국제정치·산업전략과도 맞물리는 다학제 융합연구를 해오며 정체성을 확립해왔다. 지금은 약 30명의 연구원이 함께하고 있지만, 중요한 건 그 수가 아니라 구성원 하나하나의 독특함이다.

재료공학 기반의 연구실이라면 일반적으로 관련 분야 전공자 위주로 충원하게 마련이다. 하지만 우리는 처음부터 그런 기준을 두지 않았다. 한 명 한 명을 뽑을 때마다 학위나 경력이 아니라 그 사람이 가진 질문의 방식, 세상을 바라보는 태도를 살폈다. 다양성이야말로 진정한 융합의 원천이기 때문이다. 어느 시점에는 10개국 출신의 연구원이 함께 일한 적도 있었다.

그중에서도 한 학생의 이야기는 우리 그룹의 색깔과 철학을 가장 잘 보여주는 예시라 할 수 있다. 그는 본래 전공이 재료과학도, 생명과학도 아니었다. 학부에서는 영문학과 중국지역학을 복수 전공하고, 석사 과정에서는 국제정치경제와 정보보안, 산업전략 분석을 두루 섭렵한 뒤, 취미로 드론 자격증까지 따놓았던 학생이었다. 사실 이력서를 처음 봤을 때 '연구실에서 무슨 일을 할 수 있을까?' 하는 생각이 들기도 했다.

하지만 그가 연구실에 들어온 이후, 이야기는 전혀 다른 방향으로 펼쳐졌다. 무엇보다 인상 깊었던 점은 우리가 '버려지는 자원들을 고부가가치 자원으로 전환한다Waste to Wealth'는 키워드를 통해 기존의 폐자원을 새로운 가치로 전환하는 연구를 할 때 그의 태도였다. 그는 그것을 단지 과학기술의 문제로만 보지 않고 '문제를 정의하고 그것을 관통하는 시야'를 가지고 산업전략, 정책 디자인, 국제 협력까지 다각도로 접근했다. 나의 전문 분야의 관점에서 놓치는 부분을 다른 분야의 전문가인 동료가 발굴하여 시너지 효과를 내는 것, 곧 그룹이 추구하던 살아 있는 융합의 한 형태였다.

그러던 어느 날 그가 조심스럽게 면담을 요청했다. "교수님, 저 박사 과정에 도전해보고 싶습니다."

당황스럽지 않았다면 거짓말이다. 이미 박사 과정과 박사후 과정생들이 그룹의 주축을 이루고 있었고, 그들은 대부분은 재료공학이나 생명과학, 혹은 화학공학, 기계공학, 전자공학, 의학 등의 전통적인 과학, 공학 계열 출신이었다. 그런데 그는 철저히 인문사회 기반으로 공부해온 친구였다. 물론 이미 연구원으로서 1년 가까이 일하며 누구보다 성실하고 창의적인 태도로 팀에 기여하고 있었지만 '연구원'과 '박사 과정생'은 명확히 다른 존재다. 특히 난양공대에서의 박사 과정은 결코 쉬운 일이 아니며, 구조적으로도 과거보다 훨씬 더 체계적이고 경쟁적인 조건 속에서 이뤄진다.

"나는 언제나 새로운 도전을 좋아하지만, 시스템은 무시할 수 없어. 그 구조부터 정확히 이해하고 준비해야 해." 그날 이후, 우리는 난양공대 박사 입학의 조건과 체계를 하나하나 짚어가며 방향을 세우기 시작했다. 특히 그의 실무 경험을 바탕으로 '과학기술 기반 정책 및 경제성 평가 연구'라는 독특한 박사 연구 방향을 설정해가면서 '연구자'라는 존재를 어떻게 정의할 것인지 자문했다.

최종 관문은 위원회 인터뷰였다. 연구계획서, 성적, GRE, 인터뷰 모든 것을 완벽하게 준비했지만 예상했던 대로 "달라도 너무 달라"라는 평을 받았다. 기존 학생들과 전공 배경이 지나치게 다르기에 어떻게 해야 할지 모르겠다는 것이다. 학과와 학교를 설득할 명분은 분명히 있었다. 말로는 학제 간 융합적 학문을 이야기하면서 현재의 시스템을 고집하면 발전할 수 없다. 인재 창출을 위한 실험을 해보지도 않고 불가능하다고 단정하는 것은 아카데미아에서는 일어나서는 안 될 일이다. 결국 그 학생은 한 번의 실패를 거쳐 박사 과정에 입학했고, 지금은 공대에서 좋은 성적을 거둘 뿐 아니라 프로젝트에서도 영향력을 발휘하고 있다.

앞으로는 어떨까? 뻔한 커리큘럼을 답습하는, 남들이 하는 것을 카피하는 '패스트 팔로워' 인재보다는 '퍼스트 무버'로 새로운 학문의 지평을 여는 이 친구의 미래가 더 밝으리라 조심스럽게 예견해본다. 물론 그를 박사 과정생으로 받아들인 데 대한 책임은 무겁다. 하지만 무언가를 해보지도 않고 발전을 기대할 수 있을까? 내 결정은 학계에 있기에 할 수 있는 사치일지도 모른다.

그러나 분명한 것은 이 여정이 우리 그룹의 철학을 더욱 단단하게 만들었다는 것이다. 실험 기술만큼 중요한 것은 문제를 보는 시각이며, 시스템을 넘는 동력은 언제나 사람이라는 것. 이 학생은 그것을 보여주었고, 앞으로 무한한 발전이 기대된다.

중요한 것은 전공이 아니라, 문제를 정의하고 도전하는 태도. 그 태도가 있었기에 우리는 기술을 넘어서 정책과 사회, 경제와 생태까지 관통하는 새로운 플랫폼을 만들 수 있었다.

대학은 어떻게
세계와 연결되는가

난양공대의 대외 브랜딩

난양공대의 이미지는 여전히 '젊은 기술대학'에 머물러 있었다. 이를 타개하기 위해 난양공대가 채택한 전략은 '브랜딩 과학', 즉 과학 자체를 대학의 브랜드 가치로 재 정의하는 시도였다.

NANYANG TECHNOLOGICAL UNIVERSITY SINGAPORE

경계를 넘는 지식의 회랑
'글로벌 다이얼로그'

안데르손 총장은 난양공대 재임 중 마지막 순간까지 대학을 관리하는 총장에 머물지 않았다. 그는 자신이 떠난 이후에도 대학이 어떻게 기억될지, 어떤 구조와 철학이 살아남을지 고민했다. 그가 마지막으로 남긴 전략적이고도 철학적인 유산은 다름 아닌 난양공대의 국제적 대화 플랫폼 '글로벌 다이얼로그Global Dialogue @NTU'였다.[1] 이것은 단순한 국제회의나 석학 초청 프로그램이 아니라, 난양공대를 아시아의 대표적인 지적 거점으로 도약시키기 위한 지속 가능한 지식 생태계 설계 실험이었다.

글로벌 다이얼로그는 단일 행사가 아니라, 과학자, 철학자, 예술가, 정책가, 그리고 젊은 학생들이 한 공간에서 만날 수 있도록 설계된 플랫폼이었다. 이를 위해 기존에 독립적으로 존재하던 난양공

대학의 미래는 싱가포르에 있다

대의 세 기관, 고등연구원Institute of Advanced Studies, IAS, 파라 리메스Para Limes, 아시아 분자과학 프런티어Molecular Frontier Asia를 하나의 전략적 프레임 아래 통합했다. 이 구조를 통해 학문 간의 대화, 세대 간의 소통, 문화와 지리적 경계를 넘는 진정한 지식의 흐름을 만들어내는 것이 글로벌 다이얼로그의 목표였다.[2]

그 중심에는 '경계를 넘는 대화'라는 철학이 놓여 있었다. 안데르손 총장은 난양공대를 단지 논문 실적이 많은 대학이 아니라, 세계와 토론하고 질문을 던질 수 있는 지식의 회랑으로 재정의하고자 했다. 그는 노벨상 수상자, 필즈상 수상자, 밀레니엄 기술상 수상자 등 전 세계 석학들을 강연자로 초청했을 뿐 아니라 난양공대 학생들과 시민들이 그들을 함께 대화할 수 있는 파트너로 받아들이도록 구조화했다. 단방향적 지식 전달 대신 공동의 질문을 던지는 구조를 만들고자 했던 것이다.[3]

이 모든 설계를 실무적으로 구체화한 인물이 박유현 박사다. 그는 당시 총장실 전략 디렉터로서 각 기관이 고유 기능을 유지하면서도 플랫폼 안에서 유기적으로 통합되도록 조정했다. 운영 거버넌스를 통합하는 동시에 민간 기부와 정부의 신뢰를 확보하고, 난양공대의 정체성과 글로벌 네트워크를 연계하는 전략적 균형을 설계한 것이다.[4]

특히 핵심이 된 고등연구원은 원래 미국 프린스턴대에서 1930년대에 출발한 고등연구소 모델을 기반으로 한다.[5] 고등연구소는 아인슈타인을 포함한 세계 석학들이 소속되어 순수 학문에 몰두한 폐쇄형 구조였다. 그러나 박유현 박사는 이 모델을 단순히 복제하지 않았다. 프린스턴식 엘리트 중심 연구소 대신, 열린 대화와 세대 간 학습이 가능한 싱가포르형 고등연구원을 설계했다. 노벨상 수상자들이 단순히 난양공대를 방문해 강연하는 것이 아니라 학부생, 대학원생, 시민들과도 교류하고, 싱가포르 사회와 현실에 대한 통찰을 공유하는 플랫폼으로 진화시킨 것이다.[6]

이 철학을 실현하는 데는 리 재단Lee Foundation의 전략적 후원이 결정적이었다. 싱가포르에서 가장 영향력 있는 민간 교육 재단인 리 재단은 난양공대의 비전에 깊이 공감했고, 리콩치안 석좌교수 기금이라는 기금을 통해 고등연구원이 운영 기반을 제공했다. 이 기금은 난양공대가 단기 성과 중심 대학을 벗어나 지속 가능하고 구조화된 지적 플랫폼으로 성장할 수 있는 인프라가 됐다.[7]

안데르손 총장은 재임 마지막 해에 이 플랫폼을 직접 챙겼고, 퇴임 후에도 관심을 가졌다. 그는 단지 난양공대의 전 총장이 아니라, 여전히 난양공대가 세계와 어떻게 대화해야 하는지 묻는 철학자이자 구조 설계자다. 유럽과 아시아를 오가며 국제 학술 네트워크와 연결을 이어가면서 글로벌 다이얼로그는 일회성 프로젝트가 아니라 시간을 견디는 제도적 실험이 됐다.[8]

오늘날 글로벌 다이얼로그는 하나의 철학적 선언일 뿐 아니라, 지속 가능한 대학의 구조가 어떻게 작동하는지 보여주는 아시아 유일의 사례로 자리 잡았다. 고등연구원은 지금도 세계 석학을 캠퍼스로 초청하고, 파라 리메스는 복잡계와 융합 학문에 대한 깊은 담론을 생산하며, 아시아 분자 프런티어는 아시아 청소년들과의 연결을 통해 과학 대중화뿐 아니라 지적 동기를 제공한다. 이 세 기관은 전략, 예산, 인력을 공유하며 하나의 지식 생태계를 형성하고 있다.

이 모든 과정은 한국 대학들에도 중대한 질문을 던진다. 지금 한국의 대학들은 수치 중심의 평가 시스템, 산업화된 연구 구조, 단기 성과에 몰입된 행정 시스템에 지나치게 얽매여 있다. 실적과 효율도 중요하지만, 그것이 대학의 전부가 되어서는 안 된다. 글로벌 다이얼로그는 우리에게 이렇게 말한다. 질문을 중심에 두고, 대화와 사유를 구조화할 수 있는 대학만이 미래의 변화를 주도할 수 있다고.

대학은 본래 사회가 스스로를 되묻는 공간이며, 지식은 대화를 통해 살아 움직인다. 안데르손 총장과 박유현 박사가 남긴 글로벌 다이얼로그는 그 오래된 전통을 21세기 아시아의 맥락에서 되살렸다. 그리고 그 실험은 여전히 진행 중이다. 국경을 넘어 퍼지고 있는 이 플랫폼의 철학은 이제 우리에게 다시 질문을 던진다. 우리는 이 국제적 대화에 어떻게 응답할 것인가? 어쩌면 그것이야말로 오늘날 대학의 가장 중요한 질문인지도 모른다.

분자과학 프런티어와
과학 브랜드의 탄생

2010년대 초, 난양공대는 싱가포르의 신흥 공과대학이라는 껍질을 벗고 글로벌 학술 생태계에서 존재감을 나타내는 대전환의 문턱에 서 있었다. 이미 논문 생산량과 연구비 수주 등 정량적 성장에서는 빠르게 성공 궤도에 올랐지만, 정체성 측면에서는 '젊은 기술대학'의 이미지에 머물러 있었다. 이를 타개하기 위해 난양공대가 채택한 전략은 기존 대학들의 접근법과는 달랐다. 그것은 바로 **'브랜딩 과학', 즉 과학 그 자체를 대학의 브랜드 가치로 재정의하는 시도**였다.

이러한 브랜딩 전략의 일환으로 난양공대는 세계 과학계의 정점에 있는 담론을 대학 내부로 끌어들였다. 대표적 사례가 2012년 난양공대가 주관한 분자과학 심포지엄Molecular Frontiers Symposium이다.[9] 국제 학술 행사를 개최하는 데 그치지 않고, 난양공대라는 브랜드를 세계적 과학 담론의 한가운데 위치시키려는 매우 전략적이고도 상징적인 시도였다.

여기서 중요한 연결 고리가 있는데, 분자과학 프런티어 Molecular Frontiers라는 플랫폼이다. 일반적으로 오해하는 경우가 많지만, 분자과학 프런티어는 단순한 비영리 과학 프로젝트가 아니다. 이 플랫폼의 설립자는 벵트 노르덴 교수이며, 그는 난양공대의 브랜딩 전략 실행 과정에서 중요한 협력자였다. 특히 주목할 점은 이 분자과학 프런티어가 노벨 재단과 연계된 국제 과학 커뮤니티와 밀접한 관련을 맺고 있다는 점이다. 실제로 분자과학 프런티어의 초기 커뮤니티 멤버와 자문위원단에는 노벨상 수상자가 다수 포진해 있었고, 노벨재단과 과학 대중화를 목표로 협력해온 인물들이 네트워크의 중심을 이뤘다.[10]

분자과학 심포지엄은 학술 발표만을 위한 자리가 아니었다. 미래 과학계의 주역이 될 젊은이들과 세계 정상급 과학자들이 한자리에 모여 과학의 문화적 의식을 고양시키는 무대였다. 특히 인상 깊은 점은 이 심포지엄이 고등학생 등 청소년층을 대상으로 기획됐음에도 발표자들이 전 세계에서 손꼽히는 과학자들이었다는 점이다. 이는 단순한 과학 커뮤니케이션을 넘어서, 과학을 미래 세대와 연결하는 브랜드 전략의 정점이었다.

실제로 2012년 분자과학 심포지엄에서 발표한 과학자들을 추적해보면 흥미로운 사실을 발견할 수 있다. 발표자 중 일부는 발표

이후 몇 년 내에 노벨상을 수상했으며, 어떤 이들은 세계 과학계에서 차기 노벨상 후보로 거론됐다. 예컨대 참가자 중 한 명이었던 슈테판 헬 교수는 2014년 노벨 화학상을 수상했다.[11] 이러한 사례는 난양공대가 단순히 유명인을 초청하는 수준을 넘어서, 세계 과학의 미래 흐름과 직접 맞닿아 있다는 강력한 증거다.

또 분자과학 프런티어의 커뮤니티 초기 멤버를 살펴보면 노벨 재단과 직간접적으로 연결된 인물들, 즉 노벨상 선정위원회에 소속된 과학자들, 또는 노벨상 수상자들과 협력해온 과학 커뮤니케이터를 다수 포함한다.[12] 이는 난양공대가 단순히 외부 협력자를 데려오는 데 그치지 않고 세계 과학 엘리트 네트워크 속으로 직접 진입하는 전략을 취했다는 것을 보여준다.

난양공대는 분자과학 심포지엄에 단순한 학술 행사 이상의 의미를 부여했다. 분자과학 심포지엄을 통해 '아시아에서도 세계 과학 담론을 선도할 수 있다'는 상징적 메시지를 전했고, 명실상부한 글로벌 학문 거점으로 자리매김할 수 있었다. 또 이 경험은 이후 난양공대가 세계적 학자 초빙, 노벨상 수상자와의 공동 연구, 글로벌 싱크탱크 참여 등 일련의 브랜딩 전략을 실행하는 강력한 기반이 됐다.

결론적으로 난양공대의 **분자과학 프런티어 프로젝트는 단순한 학술 행사가 아니라, 대학이라는 조직이 어떻게 '과학'을 브랜드로 전환할 수 있는지 보여준 대표적 사례였다.** 그리고 과학자 개인

이 아닌, 하나의 대학이 과학을 통해 문명적 상상력의 한 축이 되기 위해 진지하게 도전한 결과였다.

이 행사의 기획과 실행에 핵심적 역할을 한 인물이 당시 난양공대의 전략 디렉터이자 분자과학 프런티어의 아시아 소장이었던 박유현 박사였다. 그는 스웨덴 등에서 열리던 분자과학 심포지엄이 다소 형식적이고 접근성이 떨어진다고 판단했고, 과학을 보다 친근하고 대중적으로 전달할 수 있는 방식이 필요하다는 통찰을 바탕으로 '과학 캐릭터화'를 도입했다.[13] 박유현 박사는 특히 싱가포르 청소년들에게 과학이 딱딱하고 추상적인 학문이 아니라, 흥미롭고 감성적으로 다가갈 수 있는 세계라는 사실을 알리기 위해 기존의 발표 형식을 과감히 재구성했다.

예를 들어 2013년 난양공대를 방문한 앤드루 파이어 교수 (RNA 간섭 현상을 발견해 2006년 노벨 생리의학상을 수상한 스탠퍼드 소속의 저명한 생물학자)를 대중에게 소개할 때, 박유현 박사는 파이어 교수를 그의 이름에서 착안한 '파이어맨Fireman'이라는 캐릭터로 재해석했다. 소방관 복장을 한 이미지와 함께 파이어 교수를 '과학의 불꽃을 지핀 영웅'으로 소개하면서, 젊은 관객들에게 과학자의 이미지를 유쾌하고 기억에 남을 방식으로 각인시키는 데 성공했다.[14] 이와 같은 과학자 캐릭터화는 당시 싱가포르에서는 매우 새로운 시도로, 난양공대의 과학 대중화와 브랜드 차별화 전략에 큰 반향을 일으켰다.

이러한 접근은 단순한 마케팅이 아니라 '과학 커뮤니케이션의 문화화'라는 난양공대 브랜딩의 핵심 전략 중 하나였다. 과학을 연구실 안 전문지식에 가두는 것이 아니라, 문화 콘텐츠로 확장함으로써 아시아 대학 중 최초로 '과학의 문화적 브랜드화'를 실험했던 것이다. 특히 이 프로젝트는 당시 박유현 박사가 창립한 DQ 연구소DQ Institute(디지털 지능 함양을 통한 글로벌 시민교육을 지향하는 국제기관)의 철학과도 깊이 맞닿아 있었다.[15] 그는 난양공대의 공직과 비영리 공공 프로젝트 양쪽에서 동시에 활동하며, 난양공대 브랜딩의 외연을 글로벌 청소년 대상 과학 교육 및 윤리 담론으로 확장하는 데 기여했다.

또 박유현 박사는 분자과학 프런티어의 아시아 총괄 디렉터로서, 한 번의 행사를 조직하는 데 그치지 않고 이후 지속 가능한 과학 커뮤니케이션 생태계를 구축하고자 다양한 국내외 기관과의 협력 체계를 구축했다. 그의 이러한 활동은 난양공대가 단지 '논문 많이 나오는 대학'이 아닌, '과학과 사회, 미래 세대의 연결고리 역할을 하는 대학'으로 자리매김하는 데 결정적인 기여를 했다.

요컨대 2012년과 2013년 난양공대에서 열린 분자과학 심포지엄은 일회성 국제 행사가 아니라, 과학을 문화 자산으로 활용한 난양공대 브랜드 전략의 전환점이자 정점이었다. 그리고 그 중심에는 과학자들과 대중을 연결하는 창의적 커뮤니케이터로서의 박유현 박사, 그리고 과학의 권위와 상상력을 동시에 끌어올리는 분자

대학의 미래는 싱가포르에 있다

과학 프런티어라는 플랫폼이 있었다. 난양공대는 이 과정을 통해 과학을 기반으로 한 대학 브랜딩의 새로운 모범을 제시했으며, 이는 이후 난양공대가 글로벌 학술 생태계에서 독자적 위상을 구축하는 강력한 지적 기반이 됐다.

분자과학 심포지엄은 단순한 학술 행사가 아니었다. 난양공대는 심포지엄을 통해 자신을 전면에 내세웠다. 안데르손 총장은 개막 연설에서 "이 행사는 난양공대가 단지 기술 중심 대학이 아니라, 세계적 과학 담론의 중심으로 성장하고 있음을 보여주는 상징"이라 말했다. 과학을 중심으로 한 미래 담론의 생산지, 그것이 난양공대가 선택한 새로운 정체성이었다.

강연자는 눈부셨다. 인간 게놈 프로젝트를 주도한 크레이그 벤터 박사, 클릭 화학click chemistry의 창시자이자 노벨 화학상 수상자 배리 샤플리스 교수, 나노광학의 경계를 무너뜨린 슈테판 헬과 에릭 베치그 박사까지, 세계 분자과학의 전설들이 난양공대 캠퍼스를 찾았다. 하지만 그보다 더 인상 깊은 것은 이 거대한 과학자들이 청소년들의 질문에 직접 답하고, 과학의 방향성을 함께 토론했다는 점이다. 심포지엄은 유튜브를 통해 생중계됐고, 전 세계 청소년이 온라인으로 질문을 던졌다. 과학자가 아닌 '과학 커뮤니케이터'로서 노벨상 수상자들이 그에 응답했다.

난양공대는 과학이라는 언어를 '권위'가 아니라 '소통'의 도구로 삼았다. 이는 싱가포르라는 도시국가가 추구해온 소프트파워

과학 외교 전략과도 맞닿아 있었다. 작은 나라가 세계 과학정책의 중심에 서기 위해 필요한 것은 규모나 군사력이 아닌 과학적 신뢰와 참여였다. 난양공대는 자신이 가진 최고의 자산인 젊음과 국제성을 바탕으로 그 실험을 성공적으로 수행했다.

이러한 싱가포르에서의 성공의 여운은 1년 후인 2013년, 대한민국 서울에서 이어졌다. 고려대는 난양공대에 공식 제안을 보내 2013년 서울에서 공동으로 분자과학 심포지엄을 개최하고자 했고, 이를 계기로 난양공대는 서울 현장에도 깊이 관여했다. 당시 고려대에서는 김병철 총장이 직접 관심을 표명하며 행사 유치를 주도했고, 난양공대 측에서는 박유현 박사가 다시 한번 기획을 조율하며 국제 네트워크를 구축했다. 박유현 박사의 한국 내 주요 파트너는 당시 고려대 국제처장이었던 강성진 교수로, 그는 정책학자로서 한국 내에서도 높은 존경을 받는 인물이었다. 두 사람은 부드럽고 전략적인 파트너십을 통해, 한국에서 분자과학 프런티어를 단순 재현이 아닌 진화된 버전으로 구현하는 데 주력했다. '내일의 분자과학은 무엇인가? 그것은 당신이 풀어야 할 문제다'라는 주제 아래 열린 이 행사는 한국은 물론 일본, 미국, 나이지리아 등지에서 온 수백 명의 고등학생이 참가한, 그야말로 범아시아적이고 글로벌한 청소년 과학 포럼으로 거듭났다. 그리고 그 중심에는 변함없이 난양공대가 있었다.[16]

이 행사를 실질적으로 공동 기획하고 국제 연결을 주도한 주역은 난양공대에서 과학 브랜딩 전략을 이끌어온 교수진과 전문가들이었다. 난양공대 총장은 개회사에서 "과학은 국가의 미래일 뿐 아니라, 아시아 전체의 협력과 비전을 담는 공통 언어"라고 강조했고, 이러한 메시지는 한국 내에서도 강한 공감대를 형성했다. 난양공대는 과학을 기술이나 실적이 아닌 '대화의 구조'로 확장하는 데 성공하며, 아시아 과학 커뮤니케이션 리더로서의 입지를 공고히 했다.

특히 이 컨퍼런스의 확장성과 파급력은 전년도 싱가포르 행사와의 비교를 통해 더욱 뚜렷해졌다. 2012년 난양공대 캠퍼스에서 열린 분자과학 심포지엄에는 약 500명의 고등학생이 참여했고, 이들 중 다수가 한국을 포함한 아시아 각국에서 온 학생들이었다. 반면 기존 스웨덴에서 진행되던 심포지엄은 보통 40명 내외의 청소년이 참여하는 소규모 행사였다. 즉 난양공대가 기획과 운영에 깊이 관여하면서, 이 과학 심포지엄은 단순한 초청 강연에서 캐릭터 기반의 과학 대중화와 문화적 상상력이 융합된 대규모 브랜드 행사로 진화한 것이다.[17] 이러한 전환은 기존 참가 대학에도 깊은 인상을 남겼는데, 그중 대표적인 대학이 바로 고려대였다.

한국 측에서 특별히 요청한 사항이 있었다. '싱가포르 행사는 훌륭했지만, 한국에서는 가능하면 발표자 중 노벨상 수상자 비율을 더 높이고 싶다'는 것이었다. 난양공대 측도 이에 공감했고, 박박사는 다시 분자과학 프런티어 재단의 창립자이자 핵심 인물인

벤트 노르덴 교수와 긴밀히 협력해 보다 많은 노벨상 수상자를 섭외하기 위해 전략을 조정했다. 스탠퍼드의 밥 랭어 교수(모더나 설립자 중 한 명) 같은 저명한 과학자들이 초청 대상에 포함되어 있었지만, 고려대 측은 발표자 절반 이상이 노벨상 수상자면 좋겠다는 입장을 고수했다.

결과적으로 노르덴 교수는 특유의 광범위한 국제 네트워크를 바탕으로 4~5명의 노벨상 수상자 섭외에 성공했고, 한발 더 나아가 기적 같은 일도 일어났다.[18] 행사 발표자 명단이 확정된 후, 한 연사(아리에 와르셸)가 그해 말 노벨상 수상자로 발표된 것이다. 즉 프로그램이 인쇄되고 홍보가 이루어진 시점에서는 노벨상 미수상자였지만, 실제 행사가 개최되기 직전에 수상자가 됐다. 놀랍게도 그의 노벨상 수상식 전 첫 공식 외부 행사가 바로 고려대 심포지엄이었다. 이 사실이 언론 보도와 행사 하이라이트에서 대서특필되며 큰 주목을 받았고, 분자과학 심포지엄의 브랜드 가치도 그만큼 상승했다.[19]

행사에는 전국 각지에서 600명이 넘는 고등학생들이 참여했으며, 난양공대와의 연결을 통해 미국 LA의 사회적 취약 계층 청소년 20여 명도 특별 초청을 받아 참가했다. 이와 같은 국제적 포용성과 다양성은 행사의 또 다른 상징이 됐고, 한국 과학계와 대학 커뮤니케이션 문화에도 깊은 인상을 주었다.[20] 실제로 고려대 심포지엄은 고려대의 국제적 위상과 인지도가 확장되는 계기로 작용했다. 단

대학의 미래는 싱가포르에 있다

순한 과학 행사였던 분자과학 심포지엄이 대학의 국제 전략과 브랜딩에까지 영향을 미친 결정적 기획이 된 것이다.

이러한 여정을 통해 난양공대는 좋은 연구실을 갖춘 대학을 넘어, 과학을 이야기하고 연결하고 상상하는 '담론의 허브'로 거듭났다. 분자과학 심포지엄은 그러한 변화의 촉매이자, 과학을 통해 세상과 대화하려는 난양공대의 의지를 담은 상징적 선언이었다. 난양공대는 과학을 말하되, 그 말이 권위가 아니라 상상력을 불러일으키기를 바랐다. 그것이 바로 난양공대가 실현해낸 브랜딩 과학의 궁극적인 모습이었다. 과학은 단지 대학의 실적을 위한 도구가 아니라, 사회와 연결된 문화이자, 미래를 설계하는 도구였다. 난양공대는 그 사실을 세계에서 가장 먼저 실천한 대학 중 하나로 기억되고 있다.

난양공대라는
살아 있는 실험실

처음 캠퍼스를 돌아보면서 느낀 점은 미로처럼 복잡하다는 것이었다. 200헥타르에 이르는 난양공대 캠퍼스는 지상과 지하를 통해 거의 모든 건물이 연결되어 있었고, 한 건물에서 다른 건물로 비나 햇볕을 피하며 같은 건물 내에서 움직이는 것처럼 이동할 수 있었다. 경사진 곳에 지어진 건물들을 이어놓았기 때문에 한 건물의 1층이 다음 건물의 지하 3층이 되었다가 다시 그다음 건물의 지상 2층으로 변화하는 식이었다. 싱가포르 특유의 덥고 습하며 종종 갑작스럽게 비가 내리는 열대기후에 최적화된 설계로, 그 자체로 환경에 대응하는 생물처럼 작동하는 유기체였다.

학생 식당인 '캔틴canteen'도 이 구조 속에서 특별한 역할을 했다. 캔틴은 단순히 식사를 위한 공간이 아니라, 자연스럽게 사람들이 모이고, 서로 마주 앉아 이야기를 나눌 수 있는 비공식적인 토론의 장이었다. 많은 프로젝트가 이 테이블 위에서 태동했고, 다양한 문화적 배경을 지닌 학생들의 일상적 대화가 학문적 확장으로 이어지곤 했다. 식사와 대화, 학습과 우정이 분리되지 않는 구조는 난양공대가 지향하는 공동체 기반의 교육 철학을 담고 있었다.

안데르손 총장이 취임한 후, 난양공대는 더욱 급격한 공간적 진화를 겪었다. 그가 부총장이었을 때부터 기획한 몇몇 건축 프로젝트는 지금도 난양공대의 얼굴로 남아 있다. 그중 첫 번째는 스타디움 옆 신축 체육관 건물 '더 웨이브The Wave'로, 당시 아시아에서 가장 실험적인 목조건축 중 하나로 평가받았다. 나무라는 재료를 이용해 열대기후에 적합한 통풍 구조와 그늘 설계를 구현했으며, 미학적으로도 대담한 외형으로 주목받았다.[21]

두 번째 프로젝트는 '더 하이브The Hive'다. 싱가포르인들이 '딤섬 바구니'라고 부르던 이 건물은 12개의 타워형 모듈이 중앙 아트리움을 둘러싼 구조로 구성되어 있고, 강의실은 전통적인 일방형 좌석 배치 대신에 토론에 용이한 원형 배치를 택했다. 그 덕분에 강의는 단순한 정보 전달에서 학생 간 상호작용과 발표, 토론 중심의 학습으로 전환될 수 있었다. 나는 이 구조에 힘입어 매년 새로운 커리큘럼을 실험하고, 15년째 펠로로서 직접 강의하며 토론 기반 교육을 실천하고 있다.[22]

세 번째는 최근에 완공된 '가이아Gaia'다. 아시아 최대 규모의 목조건축물로, 외벽에 자연 채광과 자연 환기 시스템을 활용해 지속 가능성과 심미성을 모두 만족시키는 실험적 설계였다. 가이아는 단순한 건물이 아니라 '건물 자체가 환경 교육이자 기술 전시'로 기능하는 난양공대의 스마트 캠퍼스 철학을 상징하는 결과물이었다.[23]

이러한 공간적 진화는 미적 성과에서 실질적 기술 적용의 장으로 이어졌다. 난양공대는 전체 캠퍼스를 살아 있는 실험실로 간주하며 각 공간에 다양한 실험을 시도했다. 대표적인 것이 스마트 관개 시스템이다. 특정 구역에 사물인터넷 기반의 센서 네트워크를 구축해 토양의 수분 상태와 일조량, 온도, 습도 등을 실시간으로 측정하고, 필요에 따라 자동으로 물을 공급한다. 이는 에너지 절감뿐 아니라, 탄소 중립 캠퍼스를 운영하기 위한 핵심 실험이기도 하다.[24]

또 캠퍼스에는 실시간 공기 질, 소음, 조도, 에너지 소비 등을 측정하는 센서 네트워크가 작동하며, AV 셔틀(무인 자율주행차), 스마트 주차 시스템, 태양광 발전 및 저장 모듈이 테스트되고 있다. 이들은 모두 캠퍼스를 실험의 장으로 삼는다는 발상에서 비롯된 것이며, 난양공대는 이를 '스마트 캠퍼스 2.0' 전략으로 통합 운영하고 있다.[25]

난양공대 캠퍼스는 삶과 연구, 교육, 기술, 자연이 유기적으로 얽혀 작동하는 거대한 실험장이다. 나는 이 실험의 공간에서 교수로서 강의와 연구만 수행한 것이 아니라, 이 공간의 구조 속에서 살아가고, 교육 플랫폼을 기획하고, 제도 설계를 실행하며 '한 사람의 과학자로서 실천하는 통합적 지식인'으로 성장했다. 이곳에서의 경험은 공간과 제도가 어떻게 연구자와 공동체의 삶을 설계하는지에 대한 살아 있는 통찰을 제공했다. 난양공대의 '리빙 랩Living Lab'은 나에게 살면서 배우는 캠퍼스 그 자체였다.

난양공대의 스마트 캠퍼스 2.0 이니셔티브[26]

난양공대의 스마트 캠퍼스 2.0 이니셔티브는 2018년에 시작되어, 디지털 및 기술 기반 솔루션을 위한 살아 있는 실험실로 캠퍼스를 전환하는 것을 목표로 한다. 이 비전은 수브라 수레시 총장의 주도로 추진됐으며, 혁신 기술을 통해 학습, 생활, 연구, 지속 가능성을 강화하는 데 초점을 맞추고 있다. 스마트 캠퍼스는 첨단 친환경·청정·스마트 기술을 시험하는 테스트베드 역할을 하며, 특히 지속 가능성과 자원 관리에 중점을 둔다. 난양공대 스마트 캠퍼스 2.0의 핵심 요소는 다음과 같다.

- **지속 가능성**: 난양공대는 2011년 대비 2026년 3월까지 에너지 집약도, 물 사용량, 폐기물 발생량을 50% 감축하는 것을 목표로 하고 있다. 캠퍼스 내 건물은 지속 가능성 원칙에 따라 설계됐으며, 전체의 95%가 친환경 인증 '그린 마크 플래티넘'을 받았다.
- **생활형 테스트베드**: 캠퍼스는 산업 파트너와 미래 기술을 공동 개발하고, 연구 프로젝트를 수행하는 실험실 역할을 한다.
- **스마트 캠퍼스 패스**: 난양공대는 학생과 교직원을 위해 다기능 스

마트 카드인 'NTU 스마트 패스를 도입했다. 이 카드는 신분증과 결제 카드 기능을 동시에 제공한다.

- **디지털 솔루션**: 학습, 생활, 자원 관리 등 캠퍼스 생활 전반을 향상하기 위해 디지털 기술을 활용하고 있다.
- **산업 파트너십**: 난양공대는 스마트 솔루션을 개발하고 구현하기 위해 산업 파트너와 적극적으로 협력한다.
- **연구 및 혁신**: 스마트 캠퍼스는 AI, 회복력 있는 도시화resilient urbanization, 뇌와 학습brain and learning, 미래 산업future of industry 등 분야의 연구를 촉진한다.
- **자율주행차**: 난양공대는 싱가포르 도시교통공사, 투겟데어2getthere와 협력해 캠퍼스 내에서 자율주행차를 시험 운영하고 있다.
- **가상 비서**: 난양공대는 학생 문의에 신속하게 대응하기 위해 '프로젝트 리옹 2.0Project Lyon 2.0'이라는 챗봇 시스템을 도입했다.
- **클라우드 기반 캠퍼스**: 난양공대는 마이크로소프트와 협력해 마이크로소프트 팀즈 폰 등 기술을 활용한 클라우드 기반 스마트 캠퍼스를 구축하고 있다.

인재가 찾아오는 대학, 인재가 머무는 대학

난양공대의 인재 관리

인재가 떠나는 것이 문제가 아니다. 떠난 인재가 돌아오지 못하는 시스템이 문제다. 대학은 열린 플랫폼이어야 한다. 젊은 연구자에게 펀딩과 인프라를 제공하며 키우고, 그들이 또다시 외부로 나가면 그만큼 더 많은 학술적, 산업적 링크가 생긴다.

NANYANG TECHNOLOGICAL UNIVERSITY SINGAPORE

'인재 유출'이라는
단어를 지양한다

조선일보를 비롯한 한국 주요 언론은 잇따라 교수들의 해외 이직, 이공계 기피 현상, AI 인재의 국외 이동 등을 다루며 '한국 인재가 해외로 유출되고 있다'라고 보도하곤 한다. 인구 감소와 더불어 두뇌 유출이 화두가 되는 형국이다. 특히 AI 분야에서는 2025년 다시 '순유출국'으로 분류됐다는 통계도 나왔다.[1] 서울대에서는 최근 4년간 56명이 떠났고 대학은 성과 연봉제를 도입해 이에 대응하고 있으며,[2] 삼성 등 국내 대기업은 빅테크에 맞서기 위한 '인재 전담 리스트'를 가동하고 있다.

하지만 나는 이 '유출'이라는 단어에 담긴 일방향적, 수동적 뉘앙스에 의문을 품는다. 마치 나라를 떠나는 순간 그 인재는 '잃어버린 자원'이 되어버리는 듯한 관점이다. 하지만 정말 그럴까? 난양공대는 30년 남짓한 역사를 지닌 젊은 대학이지만, 나는 늘 '1년

대학의 미래는 싱가포르에 있다

동안 30년이 흐른다'라고 표현해왔다. 그만큼 밀도 높고 빠른 변화의 흐름 가운데 성장해왔기 때문이다. 지금 난양공대는 세계 QS 랭킹 12위권에 포함되어 있으며, 공학 계열은 특히 세계 상위권을 다툰다.[3] 이런 성장은 단순한 외형 확장이 아니라 인재와 구조에 대한 철학에서 비롯됐다.[4]

그림 5.1 싱가포르 난양공대 세계 대학 평가 순위 추이[5]

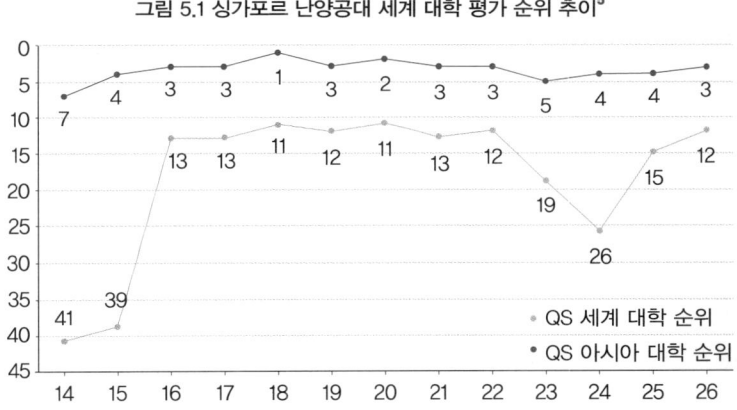

전 총장 안데르손 교수는 난양공대에 굉장히 엄격한 테뉴어 시스템을 도입했다. 실적 중심, 정량·정성 평가 기반의 이 체계는 "이렇게 까다로우면 좋은 인재가 오겠냐?" 하는 내부의 우려도 불러왔다.[6] 나는 이런 소리를 들을 때마다 반문한다. 과연 이 정도를 까다롭다고 생각하면 그게 좋은 인재인가? 이해는 한다. 10년 남짓 진행하는 박사와 박사후 과정을 마치고 임용되면 누구나 평생직장을 꿈꿀 것이다. 하지만 오히려 이 테뉴어 구조 덕분에 난양공대는

'성장하고 싶은' 인재들이 모이는 곳이 됐고, 그들의 성과가 곧 대학의 성장을 이끌었다.

뉴스를 보면 일률적으로 말하는 것이 성공 보수제와 보상이다. 일하는 것에 비해 보상이 적다는 뉘앙스다. 얼마 전 난양공대에 부임한 토목공학과 교수는 한국 유니스트에서 부교수로 승진하자마자 난양공대로 자리를 옮겼다. 그는 다시 조교수로 시작해야 했고, 많은 이들이 왜 한국에서 자리를 잡았는데 떠나느냐고 물었다고 한다. 그가 한 이야기의 핵심은 단순했다. "연구 환경이 갈수록 버겁다." 그는 연구에 몰입할 수 있는 구조와 자율성, 동료와의 시너지, 시간의 밀도 등이 더 중요했다고 말했다. 보상을 생각한다면 한국이 더 좋을 수 있다. 하지만 학자란 본인의 철학에 따라 연구로 승부를 보고 싶다는 마음, 그것을 충족할 수 있는 시스템을 찾는 것이 당연하지 않은가?

그는 난양공대에서 첫 학기를 보내며 주말도 반납하고 실험에 매달렸고, 어느 날 내게 이렇게 말했다. "일은 훨씬 많고 쉽지 않지만, '내 일'을 하고 있다는 느낌이 듭니다."

노력하는 데 그치지 않고 의미를 찾은 사람의 말이었다. 나는 그와 많은 이야기를 한다. 그의 여러 질문에 답해주는 것이 하나의 일처럼 생각된다. 그러면서 내가 한국의 시스템에 대해 배우는 것 또한 많다. 이를 보면 인재의 이동은 단절이 아니다. 많은 난양공대 출신 교수가 한국, 홍콩, 유럽, 북미 등에서 활동하고 있다. 최근에는 홍콩의 한 대학이 난양공대 화공과 교수 7명을 한꺼번에 영입하기도 했다. 한국이었다면 대형 뉴스가 됐을 일이지만, 난양공대는 이를 문제 삼지 않는다. 오히려 **'나간 사람'이 '브랜드 확산자'가 된다는 점에서 긍정적으로 본다.** 기계공학과만 해도 한때 교수진이 150명이 넘었지만 지금은 100여 명 수준이다. 그러나 난양공대는 과마다 매년 몇 명 이상 채용을 이어가고 있다. 이 흐름은 위기가 아니라 선순환이다.

그럼 진짜 문제는 무엇인가?

진짜 문제는 '돌아올 수 없는 구조'

이제 문제의 본질은 바뀌어야 한다. **인재가 떠나는 것이 문제가 아니라 떠난 인재가 돌아오지 못하는 시스템이 문제다.**

내가 난양공대에 처음 왔을 때는 많은 한국인 교수가 있었지만, 지금은 그중 상당수가 한국이나 다른 나라로 옮겨 갔다. 그들을 보면 대부분 대학에서 후배나 제자에게 난양공대를 추천하고, 공동 연구를 지속하며, 난양공대를 매개로 학술적 흐름을 만들어가고 있다. 이것이야말로 글로벌 대학이 지향해야 할 생태계 모델이다.

떠났다고 실패한 것이 아니다. 오히려 잘 떠났기에 연결된다.

대학은 열린 플랫폼이어야 한다. 리필을 하고 있는 현재 난양공대는 토목공학과에서만 8명을 신규 채용 중이다.[7] 젊은 연구자들에게 펀딩과 인프라를 제공하며 키우고, 그들이 또다시 외부로 나가면 그만큼 더 많은 학술적, 산업적 링크가 생긴다. 난양공대가 글로벌 대학으로 기능하는 구조다.

그러나 나는 이것을 '인재 유출'이라고 보지 않는다. 그 대신 '지식의 순환과 확산'이라고 부른다. 젊은 교수들이 찾아오면 항상 해주는 말이 있다. 선택지는 항상 많아야 한다는 것이다. 이제 우리는 스스로에게 이렇게 물어야 한다.

"인재가 떠나는 것이 문제인가? 아니면 떠나보내지 못할 만큼 시스템이 닫혀 있는 것이 문제인가?"

난양공대의 30년은 이렇게 대답한다.

"인재가 떠날 수 있도록 하되, 돌아올 수도 있는 문을 갖춘 곳. 그것이 진짜 대학이다."

랭킹 시스템의
함정

신흥 대학에게 있어 랭킹은 단순한 수치 이상이다. QS[8], THE,[9] US 뉴스[10] 같은 사설 기관이 만들어낸 랭킹 시스템은 이제 대학의 평판을 좌우할 정도로 강력한 영향력을 발휘한다. 특히 아시아 국가, 그리고 이제 막 연구 중심 대학으로 도약하려는 신흥 대학에게 이 랭킹은 압력처럼 작용한다. 언론은 매해 랭킹을 보도하고, 정부와 기업은 이를 기준 삼아 지원 여부를 결정하기도 한다. 그러나 여기에 놓인 함정은 적지 않다.

미국의 주요 대학, 예를 들어 하버드나 스탠퍼드는 겉으로는 랭킹을 의식하지 않는다고 말한다.[11] "우리는 랭킹보다 학문의 본질에 집중한다"라고 하지만, 실은 그들 또한 수치와 지표에 민감하게 반응한다.[12] 이 모순은 흥미롭다. 한편으로는 랭킹을 경시하면서, 다른 한편으로는 자신들의 연구 성과와 교수진의 역량을 수치

로 관리하고 분석한다. 결국 이 수치는 연구 생태계의 일부분이 되어버렸다.[13]

2011년 난양공대에 임용된 이후, 나는 다양한 교수들과 교류하며 이 수치들이 실제 대학의 평가와 전략에 어떤 영향을 미치는지 목격해왔다. 특히 재료공학 분야에서 난양공대는 MIT와 어깨를 나란히 할 정도로 높은 순위를 기록한다. 전체 공학 분야 랭킹에서도 난양공대는 항상 전 세계 톱 5 안에 든다. 이런 랭킹은 단순히 교수 개인의 연구 성과를 반영하는 것이 아니라, 조직 차원의 전략과 자원 배분, 인재 영입 시스템의 결과이기도 하다.[14] 그 중심에는 영향력 지수Impact Factor와 H-지수H-Index 같은 지표가 있다.[15]

영향력 지수는 특정 저널에 실린 논문이 일정 기간 내 평균적으로 인용된 횟수를 의미한다. 예컨대 영향력 지수가 10이라면, 해당 저널의 논문 한 편이 평균적으로 10회 인용됐다는 의미다. 하지만 이것은 '저널'의 영향력을 측정하는 지표일 뿐, 논문이나 연구자의 영향력을 직접적으로 반영하는 지표는 아니다.

H-지수는 개인 연구자의 성과를 정량화하려는 시도다. H-지수가 30이라면, 해당 연구자는 적어도 30편의 논문이 각각 최소 30회 이상 인용된 것이다. 이는 양(논문 수)과 질(인용 수)을 동시에 고려한 지표다. 단, 이 또한 한계가 있다. 분야에 따라 인용 문화가 다르고, 공동저자 수나 자가 인용self-citation 등이 영향을 주기 때문이다.

대학의 미래는 싱가포르에 있다

이러한 수치 지표가 주는 편의성과 객관성은 분명 존재한다. 그러나 문제는 대학의 전략이 이 지표 중심으로 기형적으로 설계될 수 있다는 점이다. 실제로 난양공대 내의 일부 학과에서는 연구지원사무소Research Support Office가 정기적으로 교수들의 H-지수와 영향력 지수 통계를 분석해 학과 회의에 보고한다. 예전에는 난양공대의 부총장을 역임했고 당시 연구지원사무소 디렉터였던 마이클 코어Michael Khor 교수가 이 분석을 주도했다[16](현재 그는 난양공대의 인재채용·경력지원실 및 서지 분석 부서의 디렉터를 맡고 있다). 그는 통계를 기반으로 개별 교수의 퍼포먼스를 분석하고, 학과 전체의 연구 전략을 설계하는 데 중요한 역할을 해왔다.

한 교수 회의에서 코어 교수가 진행한 데이터 분석은 인상적이었다. 그는 각 교수의 H-지수 분포, 최근 5년간의 인용 추세, 각 저널의 영향력 지수와 랭킹 등 세밀하게 정제된 데이터를 기반으로 학과의 연구 역량을 다각적으로 진단했다. 이러한 분석은 향후 인재 영입 전략, 공동 연구의 방향성, 그리고 우선 투자할 연구 분야를 설정하는 데 중요한 기초 자료가 됐다.

그런데 그날 회의에서 특히 강렬한 인상을 준 순간이 있었다. 코어 교수는 한 장의 논문을 불쑥 꺼내 들더니 설명을 시작했다. 논문의 저자는 우리 학과 소속으로, H-지수가 상당히 높은 교수였다. 해당 논문은 리뷰 아티클이었고, 출판된 지 채 1년이 지나지 않았지만 인용 횟수가 무려 1,000회를 넘어섰다. 회의장은 순간 술렁였다. 보통 1년 만에 20~30회의 인용만 기록해도 우수한 편인데, 아무리 잘 쓴 리뷰 페이퍼라 하더라도 1,000회라는 수치는 극히 이례적이었던 것이다.

그런데 코어 교수가 그 인용의 출처를 분석한 결과는 더 충격적이었다. 인용의 99% 이상이 중국 지린성에 있는 어느 한 기관에서 발생한 것으로 드러난 것이다. 마치 조직적으로 인용이 이뤄진 듯한 패턴이었다. 코어 교수는 이 논문을 예시 삼아 "이런 식의 인용은 단기적으로는 수치를 높일지 몰라도, 장기적으로 학과나 대학 전체의 신뢰도에는 오히려 해가 될 수 있다"라고 단언했다. 한 논문이나 교수에 대한 비판이 아니라, 수치 중심 평가 시스템의 맹점에 대한 경고였다.

문제는 이러한 정량적 평가 시스템이 학계의 주류로 자리 잡았다는 데 있다. 학교나 연구소 입장에서는 이를 완전히 무시하기 어렵고, 전체 학문 공동체에서도 점차 이 수치를 기준으로 판단하는 문화가 고착화되고 있다. 평가 기준이 수치로 환산되면 편리한 면이 있지만, 동시에 일종의 '현저성 효과'를 만들어낸다. 현저성 효과란 실제 중요성과 무관하게 눈에 띄는 것을 더 중요하게 인식하는 인지 편향이다. 예를 들어 박사과정이나 박사후 과정 지원자를 선발할 때를 떠올려보자. 해당 분야의 연구 실적을 정량화해 비교하려면 결국 논문 편수나 영향력 지수 같은 수치가 가장 명확한 기준이 된다. 이론적으로 이 구조에서 '수치'는 곧 '기회'로 이어

대학의 미래는 싱가포르에 있다

지고, 좋은 수치를 기록한 사람은 더 좋은 자리에 도달할 자격을 얻게 된다.

얼마 전 스탠퍼드를 방문했을 때도 이와 유사한 이야기를 들을 수 있었다. 한 교수가 털어놓기를, 최근 중국계 학생들이 교수직에 지원하면서 제출한 실적을 보고 놀랐다고 한다. 연구 경력이 10년 이상인 자신들과 비교해도 손색없을 정도로 영향력 지수가 높은 논문을 발표한 지원자가 많았다는 것이다.[17] 문제는 그 수치가 평가의 핵심으로 작용한다는 데 있다. 아무리 심층 인터뷰나 레퍼런스를 통해 종합적인 평가를 시도하더라도, 수치가 주는 인상은 강력하다. '어떤 인재를 채용하느냐'가 향후 해당 대학의 랭킹에 직접적인 영향을 미치기 때문이다. 이는 개인의 문제가 아니라, 조직과 기관의 전략적 선택으로 연결되는 문제다.

그렇다면 전통의 강호로 불리는 미국이나 유럽의 일류 대학들은 이 구조에서 자유로울까? 현실은 그렇지 않다. MIT, 스탠퍼드, 옥스퍼드, 케임브리지 같은 대학도 이제는 QS나 THE 같은 랭킹에서의 위치를 무시하지 못한다. 이들 랭킹이 명예에 영향을 미칠 뿐 아니라, 연구비 배분, 우수학생 유치, 산업 파트너십, 정부 지원 등 실질적인 재정과 기회의 흐름에도 직접적인 영향을 주기 때문이다.[18]

즉 수치를 기반으로 한 평가 시스템은 기본 전제가 된지 오래다. 이 시스템 속에서 각 대학은 어떻게든 더 높은 수치를 만들어내야

하고, 이는 다시금 수치 중심의 인재 선발과 평가로 이어진다. 그 결과, 전통 명문 대학들도 자유롭지 못한 '숫자의 게임'에 뛰어들 수밖에 없게 됐다. 우리가 직면한 것은 단순한 평가 기준의 변화가 아니라, 학문의 본질과 방향성까지 좌우할 수 있는 구조적 전환이다.

그날 나는 통계를 다룬다는 것이 단순한 수치 해석을 넘어, 윤리적 판단과 학문적 기준까지 포함한 작업이 될 수 있음을 실감했다. 'analysis(통계)'라는 말의 진정한 무게를 느낀 순간이었다.

여기에는 또 하나의 복잡한 현실이 있다. 난양공대의 재료과만 보더라도 구성원은 중국계 교수가 다수이며, 소수 인도계, 유럽계, 한국계(저자 한 명)로 구성되어 있다. 이런 다국적 구성이 연구 협력에서 강점이 되기도 하지만, 동시에 출신국의 연구 문화나 인용 관행이 다르다는 점에서 지표 해석에 주의가 필요하다. 수치는 단지 수치일 뿐, 맥락을 놓치면 오히려 잘못된 전략적 판단을 내릴 수도 있다.

물론 랭킹은 중요하다. 그러나 그것이 전부가 되어서는 안 된다. 영향력 지수나 H-지수는 단지 여러 지표 중 하나일 뿐이다. 연구의 진짜 가치는 수치로 환산하기 어려운 영역, 즉 질문의 참신성, 사회적 파급력, 교육적 기여 같은 정성적 요소에 있다. 싱가포르의 대학들이 앞으로 세계적인 연구 기관으로 도약하려면 이 2가지(정량적 평가와 정성적 통찰)를 균형 있게 추구하는 전략이 필요하다.[19]

대학의 미래는 싱가포르에 있다

정량적 평가 시스템이 학계에 미친 영향은 교수 채용이나 학생 선발에 그치지 않는다. 이 시스템은 연구 주제의 선택, 논문 작성 방식, 협업 구조, 학문 간 위계 구조에 이르기까지 광범위하게 영향을 미치고 있으며, 그 모든 변화는 상호 연결되어 마치 폐쇄적인 회로처럼 스스로를 강화하는 방향으로 작동한다.[20]

우선 연구 주제 선택에서 왜곡이 일어나고 있다. 영향력 지수나 H-지수 같은 수치 기반 지표는 본질적으로 '인용 가능성'을 중심으로 학문의 가치를 판단하는 도구다. 그 때문에 많은 연구자가 인용이 잘되는 주제를 선호하게 되지만 이는 곧 연구 다양성이 축소된다는 것을 의미한다. 특히 사회적 가치가 크지만 인용이 적은 분야, 예를 들어 지역사회 보건, 제대로 연구되지 못한 환경문제, 개발도상국을 위한 기술 개발 등은 상대적으로 소외된다.[21]

논문 중심의 과도한 경쟁도 문제다. 특히 박사후 과정이나 임용 초기 단계에 있는 연구자는 매년 일정 수 이상의 고高임팩트 논문을 내지 않으면 계약 갱신이나 테뉴어 심사에서 불리해진다. 이로 인해 '논문 쪼개기'나 과도한 공동 저자 등 비정상적인 출판 행태가 늘어나고, 본질적 질문보다 출판을 위한 연구가 우선시되는 구조가 형성된다.[22]

협업 구조의 본질 또한 흐려지고 있다. 공동 연구가 표면적으로는 활성화된 것처럼 보이지만, 실은 많은 경우 영향력 지수가 높은 저널에 실리기 위한 전략적 선택의 결과다. 상위권 연구자와의 공동 저자 자리를 확보하려는 움직임이 강화되면서, 진정한 학문적 교류보다 네트워크 기반 저자 구조가 강화되고 있는 실정이다.[23]

이러한 수치 중심의 평가 시스템은 학문 간 위계를 더욱 강화하는 방향으로도 작용한다. 인용 빈도가 높은 분자생물학, AI, 재료과학 등 일부 분야는 더 많은 평판과 자원을 확보하는 반면, 인문사회계열이나 기초과학의 일부 전통 분야는 상대적으로 불이익을 받는다. 대학 내부에서도 이러한 위계는 자원의 편중, 학과 간 격차, 연구 중심주의의 강화를 낳고 있다.[24]

그리고 이 구조의 가장 큰 피해자는 신진 연구자다. 아직 연구 네트워크도 없고, 장기적인 자원을 확보하기 어려운 연구자는 수치 기반 경쟁에 몰려 무리하게 실적을 쌓거나, 단기성과 지향적인 연구에만 매달리게 된다. 도전과 창의성이 중요한 초기 연구자 시기에 오히려 가장 보수적인 연구가 반복되는 아이러니가 벌어지고 있다.[25]

이런 현상은 단지 일부 대학이나 특정 지역의 문제가 아니다. 싱가포르, 미국, 유럽 등 세계 유수의 대학조차 이 숫자의 논리에서 자유롭지 않다. 숫자는 분명 객관성과 효율성을 제공한다. 그러나 그것이 유일한 기준이 될 때, 학문은 스스로의 정당성과 존재 이유를 상실한다.

우리는 다음과 같이 질문해야 한다. 수치 중심의 평가가 과연 어떤 연구를 양산하고 있는가? 그것이 과연 사회에 필요한 지식이며, 후속 세대에 물려줄 만한 탐구인가? 연구자의 본질적인 호기심과 창의적인 질문, 그리고 사회적 책임은 과연 어디에 위치하는가?

이제는 수치와 함께 '맥락'을 읽는 평가 시스템이 필요하다. 단순히 얼마나 많이 인용됐는가가 아니라, 그 연구가 무엇을 바꾸었는지 살피는 평가 시스템으로 전환해야 한다. 논문 한 편이 열어준 새로운 연구의 장, 정책에 미친 영향, 산업으로의 확장 가능성, 교육과의 연계, 사회적 수용성, 이 모든 것이 정성적 평가의 일부가 되어야 한다. '얼마나'보다 '어떻게'에 집중하는 것이다.[26]

동시에 평가 주기 역시 재설계가 필요하다. 지금처럼 3년 혹은 5년 단위의 짧은 평가 주기에서 성과를 요구하면, 장기적 비전을 지닌 연구는 점점 설 자리를 잃는다. 오히려 7년, 10년의 장기적 틀에서 연구자에게 충분한 자유를 주고, 실패도 자산으로 받아들이는 관용을 보여주어야 한다. 실패를 허용하지 않는 구조에서는 새로운 돌파구도 기대할 수 없다.

이러한 시스템은 또한 연구자의 '맥락'을 고려하는 유연성을 갖추어야 한다. 특정 지역에서는 실험 인프라에 접근하기 어렵거나, 문화적·정책적 제약이 있을 수 있다. 이런 조건을 무시한 일률적 기준은 불공정한 평가를 낳는다. 평가 시스템은 상황과 환경, 자원의 구조적 조건까지 읽어낼 수 있어야 한다.

마지막으로 평가 시스템의 운영 주체도 바뀌어야 한다. 지금처럼 외부 평가 기관이나 관리자 주도의 수직적 구조가 아닌, 연구자

스스로가 자신의 분야에서 어떤 기준이 정당한지 논의하고 적용하는 구조가 필요하다. 이는 단지 제도를 바꾸는 것을 넘어서 학문의 문화를 다시 세우는 일이기도 하다. 좋은 평가 시스템이란 연구자의 자율성과 동료 평가의 신뢰를 기반으로 한 시스템이어야 한다. 그래야 우리는 숫자가 아닌 지식과 창의 자체로 중심을 되찾을 수 있다. 학문은 본디 그런 것이었고, 다시 그렇게 되어야 한다.

.

개혁의 대상이 된
교수직

만약 교수라는 직업을 물리적으로 설명하라고 한다면 필자는 '랜덤 워크random walk', 즉 확률적 경로를 걷는 입자로 비유하고 싶다. 교수의 삶은 본질적으로 탐색적이고, 우연과 호기심, 그리고 독창적 충동이 결합된 비선형 궤적을 그리기 때문이다. 각자의 전공을 탐색하며, 자유롭게 학문을 실험하고, 뜻밖의 발견과 아이디어를 통해 지식을 구성하는 이 직업은 기본적으로 '다름'을 기반으로 작동하는 시스템이다.

한 대학교의 공과대학에 있는 재료공학과만 보더라도, 재료과학이라는 이름 아래 금속, 세라믹, 고분자, 반도체, 바이오재료 등 성격과 철학이 전혀 다른 연구가 병존한다. 한 전공 내에도 무한한 다름이 존재하고, 교수는 그 다름 속에서 자신만의 문제의식과 방법론을 구축하는 직업이다. 어쩌면 가장 다양성이 보장되어야 할 집단일지도 모른다.

그러나 이상하게도, 최근 몇 년간 필자가 목격한 현실은 전혀 다른 방향을 향하고 있다. **교수라는 직업은 이제 사회적 존경의 대상이 아니라 개혁의 대상이다. 이는 단순히 교수 개개인의 문제라기보다 그들이 속한 제도와 구조가 만들어낸 '집단적 균질화'의 결과다.**[27]

대학은 끊임없이 변하고 있는 사회에 비해 놀라울 정도로 정체된 구조를 띤다. 교수 임용은 여전히 같은 학교 출신 중심의 폐쇄적 인적 네트워크를 따르고,[28] 테뉴어 시스템은 평가의 다면성을 반영하기보다 정량적 지표 몇 개에 의해 결정된다.[29] 더욱이 정년까지의 고용 안정성은 창의성이 아니라 현상을 유지하려는 관성을 강화하고 있다.[30] 다양한 전공과 배경을 지닌 연구자들이 모여 있어야 할 학문 공동체는 어느 순간부터 하나의 '평균적 기준'에 맞춰 자기를 교정하는 기이한 생태계가 됐다.

문제는 이러한 구조적 동질화가 내부적 폐쇄성을 넘어서 외부와의 연결을 차단하는 방향으로 작동한다는 점이다. 급변하는 기술과 사회 환경, 새로운 세대의 교육 요구에 교수 집단은 빠르게 적응하지 못하고 있다. 이는 곧 대학의 신뢰 저하로 이어지며, 결국 고등교육 자체가 시대의 변화를 수용하지 못하는 제도로 비치게 된다.[31]

이러한 상황은 교육계에도 직접적인 충격을 주고 있다. 나는 현재 미국 국립보건원의 대형 연구 프로그램인 팬데믹 예방 감염병 예방 센터Antiviral Drug Discovery and Development, AViDD의 연구책임자로 참여하고 있었다. 이 프로그램은 국립보건원 산하 국립 알레르기·전염병 연구소NIAID가 코로나19 이후를 대비해 출범시킨 전략적 펀딩 이니셔티브로, 향후 등장할 수 있는 팬데믹 병원체에 대응하기 위한 광범위 항바이러스제 개발을 목표로 했다. 2022년부터 미국 전역의 최상위 대학 및 연구 기관이 9개 컨소시엄을 중심으로 참여했으며, 필자가 속한 그룹도 약 300만 달러의 자금을 지원받아 연구를 수행 중이었다.

그러나 갑작스러운 연방 정부의 구조 조정으로 AViDD 전체 프로그램이 전면 중단됐고, 미국 전역의 10개 이상 연구 센터가 일괄 폐쇄됐다. 국립보건원은 잔여 자금 전액 반납을 요구했고, 나를 포함한 수많은 연구자가 계획했던 연구를 중단해야 했다.[32] 미국 고등교육 시스템의 신뢰와 지속 가능성에 대한 근본적 질문을 제기하는 사건이었다.

심지어 스탠퍼드의 한 저명한 교수는 그룹을 유지하기 위해 30만 달러를 자비로 충당했고, 추가로 같은 금액을 마련할 계획이라고 전했다. 그는 "고용이 문제가 아니라, 내 돈을 써서라도 기존 연구 그룹을 유지할 수 있느냐가 문제"라고 말했다. 이는 스탠퍼드조차 연구 플랫폼이 붕괴되고 있다는 현실을 보여준다.

더욱 충격적인 것은 최근 하버드대와 미국 연방 정부 간의 전면적 충돌이다. 소수자 우대 정책, 기부금 투명성, 표현의 자유를 둘러싼 학내 갈등이 국가 차원의 긴장으로 확산되고 있다. 고등교육은 이제 성역이 아니다. 정치적 이해관계가 대학에 깊숙이 침투하고 있다.[33]

스탠퍼드에서 행정 분야로 명성이 매우 높았던 한 교수가 퇴임한 지 얼마 지나지 않아 싱가포르를 방문했다. 나는 그 교수에게 당시의 '트럼프 현상'에 대해 어떻게 생각하는지 물었다. 그러자 그는 트럼프가 자신의 지지자들에게 매우 효과적이고 효율적으로, 그리고 무엇보다 쉽게 메시지를 전달한다는 점을 강조했다. 한 예가 바로 대학 개혁에 대한 설명이었다. 그의 말에 따르면, 미국의 대학 시스템 자체가 실용적으로 움직이지 않는다는 것이 트럼프가 대중을 설득하는 주요 논점 중 하나라는 것이었다.

트럼프의 주장에 대해 어떻게 생각하느냐고 물었더니 그는 뜻밖의 대답을 내놓았다. 과거에는 교수가 사회적 존경의 대상이었으나 이제는 그렇지 않으며, 오히려 개혁의 대상으로 지목되고 있다는 것이었다. 그는 그것이 자신이 조기 퇴임을 한 이유이기도 하다고 했다.[34] 나는 이 대답에 크게 놀랐다. 미국 대학가에서 트럼프 정부를 긍정적으로 평가하는 사람을 거의 본 적이 없었기 때문에, 그와 같은 분석은 예상 밖이었다. 그러나 그의 설명을 들으면서 '이제 변화가 불가피하며, 그 변화는 미국에서 시작되고 있구나'라는 생각이 들었다.

이러한 와중에 홍콩대는 미국 대학에서 이탈한 교수들을 영입하기 위해 30명의 교수 채용 계획을 발표했다.[35] 유럽 역시 인재 유치를 위한 경쟁에 적극적으로 나서고 있다.[36] 반면 한국에서는 서울대에서만 수십 명의 교수가 외국 대학으로 이직했다는 보도가 나온다.[37] 이제는 아카데미가 특정 국가에 속박되지 않고, 글로벌 인재 시장의 일부로 흘러가고 있는 것이다.

이런 맥락에서 우리는 교수라는 존재의 구조적 정의 역시 다시 생각해보아야 한다. '각자의 문제의식과 지식의 경로를 따라 자신만의 궤적을 만들어가는 존재'가 교수라는 직업의 본질이다. 하지만 현실은 그렇지 않다. 오늘날 교수는 구조 개혁의 대상이다. 단순히 세상이 변화해서 그런 것이 아니라, 대학 내부 구조가 변화에 적응하지 못하고 제도는 실패했기 때문이다.

그래서 우리는 구조를 바꿔야 한다. 교수 임용의 폭을 넓히고, 평가 기준의 다면성을 제도화하며, 실험적 전공과 도전적 연구가 보호받는 생태계를 설계해야 한다. 교수직의 본질은 여전히 유효하다. 문제는 그 본질이 제도 안에서 얼마나 자유롭게 작동할 수 있느냐는 점이다. 그리고 그 자유는 다양성을 제도적으로 담보하는 것에서 출발한다.

교수 임용 및 평가 시스템의 새로운 기준

그렇다면 우리는 어떤 제도적 개입을 통해 이 문제를 풀어야 할까?

먼저, **교수 임용 및 평가 시스템의 투명성과 개방성을 획기적으로 강화해야 한다.** 모든 지원자에 대해 다양성을 전제로 평가하지 않는다면, 변화의 동력이 될 인재는 결코 채용할 수 없다. 획일적인 기준 아래 동일 전공자만 반복 채용하는 구조에서는 새로운 융합과 창의적 돌파가 불가능하다. 이제는 전공의 경계를 넘고, 문제 해결 중심의 역량을 갖춘 이들을 과감히 수용하는 구조가 필요하다. 이때 필요한 것은 시스템 개선뿐 아니라, 평가 철학 자체를 재구성하는 일이다.

둘째, **단기성과 중심의 평가에서 벗어나, 입체적이고 다층적인 역량 기반 평가 체계를 도입해야 한다.** 논문 수나 인용 지수로만 연구자의 가치를 판단하는 시스템은 창의성과 탐색을 억누른다. 연구의 사회적 기여도, 교육 혁신 실적, 산학 협력 경험, 대중과의 소통 능력까지 포함한 복합적 평가 기준을 정착시켜야 한다. 객관과 주관, 양적과 질적 기준이 균형을 이루지 못한다면, 테뉴어 심사는 형식적 절차에 그칠 수밖에 없다. 지금의 현실이 그렇다.

셋째, 학문 내 '다름'의 가치를 제도적으로 보장하는 문화가 필요하다. 다양성은 구호가 아니라 구조여야 한다. 연구비 배분, 인사제도, 교육과정 설계 전반에 걸쳐 비주류 전공과 소수 관점, 실험적 연구가 제도적 보호를 받을 수 있어야 한다. 이를 위해 대학 행정 구조 역시 관리 중심에서 지적 다양성과 실험의 보증자로 전환해야 한다. 단기성과의 압박보다 장기적인 시야를 통한 신뢰와 인내가 필요한 영역이다.

결국 대학이라는 조직의 생명력은 그 내부에 얼마나 다양한 질문이 존재하는가에 달려 있다. 교수는 단순한 관리자가 아니라, 각기 다른 문제의식과 방법론을 통해 학문을 확장하는 존재다. 다양성이 사라진 대학은 시대의 변화에 적응하지 못하고 도태될 수밖에 없다. 한국의 대학이 지속 가능한 조직으로 남기 위해서는 교수라는 존재에 대한 구조적 정의부터 다시 써야 한다. 교수는 행정의 일부가 아니라 질문의 주체이고, 다양성의 실천자다. 그리고 그 다양성이 제도로서 보장되지 않는 한, 진정한 의미의 대학은 존재할 수 없다.

이러한 평가 철학의 전환이 제도화된 대표적인 사례가 바로 싱가포르 난양공대의 테뉴어 시스템이다. 난양공대는 지난 14년간 글로벌 연구 중심 대학으로 도약하기 위해 교수 임용과 평가 시스템을 지속적으로 개혁해왔다. 특히 테뉴어 심사 제도는 안정적 고용 보장 장치는 물론 대학이 어떤 인재를 원하고 어떤 가치를 중요시하는지를 제도적으로 표명하는 장치로 기능해왔다.

난양공대의 테뉴어 시스템은 초기에는 3+3+3 구조였다. 첫 3년간은 연봉 계약형 비테뉴어 트랙으로 시작해, 중간 점검 후 3년 연장이 가능했고, 최종 3년 차에는 테뉴어 신청 여부를 결정하게 되는 구조였다. 이 시스템은 장점도 있었지만, 기간이 지나치게 길고 불확실성이 크며, 연구자 입장에서도 경력 설계가 불명확하다는 지적을 받았다. 이에 따라 2010년대 중반, 난양공대는 이를 보다 단순화하고 명확한 성과 기반 구조로 바꾸는 방향으로 개편했다.[38]

현재 난양공대는 4+2 테뉴어 트랙 구조를 운영한다. 최초 4년간의 비테뉴어 트랙(조교수) 기간 동안 집중적인 연구 및 교육 실적을 축적하게 하고, 4년 차 말에 테뉴어 심사 자격을 부여한다. 심사에 통과하면 테뉴어와 부교수 자격이 동시에 부여되며, 실패할 경우 2년의 유예 기간이 주어져 재도전 혹은 경력을 마무리할 기회를 갖는다.[39]

이러한 구조 개편은 난양공대가 단기 성과에만 매몰되지 않고, 다층적인 역량 평가를 도입하기 위해 기획한 변화였다. 실제로 현재 테뉴어 심사에서 가장 중시되는 것은 논문 수나 영향력 지수가 아니라 '연구의 독창성과 영향력, 교육에서의 혁신적 기여, 산업 및 사회와의 연결성, 향후 성장 가능성'이다. 인용 수는 중요한 참고 자료일 뿐 필수 조건은 아니며, 문제 해결 중심의 융합 연구, 국가/지역사회 과제와의 연결성, 다학제적 협업을 주도하는 리더십 등이 더 중시된다.[40]

또 난양공대는 교수 채용 시점부터 매우 구체적인 '패키지'와 성장 계획을 제안한다. 연구비 초기 지원, 연구 공간, 연구원 인건비, 고성능 장비 접근권 등 맞춤형 지원 패키지를 구성하며, 각 후보자의 장기 연구 방향에 맞는 플랫폼을 사전에 설계한다.[41] 다시 말해 난양공대가 원하는 인재는 단순히 '논문을 많이 낸 사람'이 아니라, 학문을 통해 새로운 방향을 열고, 타 학문 혹은 산업과의 경계를 넘나들며 질문을 확장할 수 있는 사람이다.

테뉴어 심사에서 한 번 실패한 경우에도 단호하게 퇴출하는 것이 아니라 2년간의 재정비 기간을 제공한다는 점도 난양공대의 '성과 중심 속 인간적 배려'가 반영된 구조다. 연구자는 이 기간 연구에 전념하거나, 산업과의 연계를 통해 다른 방식으로 자신의 영향력을 입증할 기회를 갖는다.[42]

한편 부교수에서 정교수로 승급하는 과정은 테뉴어 트랙과는 별도로 운영된다. 이 경우 연구 실적뿐만 아니라 조직 리더십, 학생 멘토링, 학과 또는 대학 차원의 전략 기여도, 그리고 국제적 학문적 위상을 중점적으로 평가한다. 일부 단과대에서는 산업과의 공동 연구, 정부 자문 활동, 정책 기여 등도 주요 심사 항목으로 간주한다. 즉 정교수 승급은 단지 더 많은 논문이 아니라, 더 깊은 영향력의 증거를 요구한다.[43]

이러한 난양공대의 테뉴어 및 승급 제도는 싱가포르 전체 고등 교육 시스템의 핵심적인 '질적 성장 엔진' 역할을 한다. 이 제도를 통해 난양공대는 경계를 넘는 질문을 던지는 새로운 유형의 실천적 학자를 제도적으로 유치하고 유지하는 데 성공해왔다. 그리고 그것이 지금의 난양공대를 만든 구조적 기반이 됐다.

국제 금융 허브에서
AI 허브로

                                2022년 11월, 세상이 다시 쓰였다. 오픈AI의 챗GPT 공개는 단순한 기술 발표가 아니었다. 인간이 처음으로 외부에 '지능'을 구현하고 대중에게 개방한 사건이었다. 놀랍도록 자연스러운 언어 생성 능력, 인간처럼 대화하는 인터페이스, 그리고 수많은 작업을 자동화하는 기능은 세계를 뒤흔들기에 충분했다. 출시 2개월 만에 챗GPT는 사용자 수 1억 명을 돌파하며 인터넷 역사상 가장 빠른 확산 속도라는 기록을 세웠다.[44] 사회는 일제히 반응했다. 기업은 경고를 보냈고, 예술가는 창작의 정체성을 물었으며, 학교는 시험과 과제를 다시 고민했다. 이 새로운 도구는 단순한 정보처리 소프트웨어 역할을 하지 않고 지식 구조와 인식 체계를 전면적으로 다시 쓰게 만들었다.

    가장 충격을 받은 곳은 대학이었다. 수백 년간 축적된 교육 방

식, 강의 중심의 교수법, 시험과 과제의 설계는 모두 흔들리기 시작
했다. 대학은 '이제 우리는 학생들에게 무엇을 가르쳐야 하는가?'
라고 자문해야 했다. AI가 정보를 설명하고, 글을 쓰고, 코드를 짜
고, 실험 설계를 도와주는 시대에, 교육자는 어떤 가치를 제공할 수
있는가? 이 질문은 교육 철학의 뿌리를 흔들었고, 전 세계 유수 대
학들은 빠르게 움직였다. 스탠퍼드와 MIT는 AI 리터러시를 필수
교양으로 채택했고, 옥스퍼드와 케임브리지는 인문학과 AI의 융합
강좌를 개설했다. 이제 AI는 특정 전공의 도구가 아니라, 모든 학문
의 새로운 문해력, 새로운 언어로 자리 잡고 있다.[45]

이와 동시에 연구 현장도 급격하게 재편됐다. 논문 초안 작성,
실험 데이터 분석, 문헌 검색, 연구 윤리 설계까지, AI는 다양한 방
식으로 연구자와 협력했고, 이는 연구의 속도와 범위를 비약적으
로 확장했다.[46] 이제는 논문을 많이 썼는지보다 AI를 통해 어떤 문
제를 어떻게 재구성하고 해석할 수 있는지가 더 중요한 시대가 됐
다. 이 과정에서 연구의 권력 구조도 이동했다. 전통적인 엘리트 대
학뿐만 아니라, 빠르게 기술을 흡수하고 유연하게 대응하는 기관
이 새롭게 부상했다. AI는 돈과 시설보다 '사고방식'을 바꾸는 기
술이었고, 이를 빠르게 받아들이는 대학이 새로운 거점이 됐다.[47]

이러한 흐름 속에서 싱가포르는 국가적 차원의 중대한 결정을
내렸다. AI 기술을 국가 성장의 핵심 동력으로 삼아 기존의 정체
성이던 국제 금융 허브에서 전략적으로 변화해나가겠다는 것이었

다. 이를 위해 2017년 싱가포르 정부는 'AI 싱가포르'라는 조직을 출범시켰다. 이 기관은 정보통신미디어개발청IMDA, 경제개발청 EDB, 국가연구재단이 공동으로 설계하고 운영하는 범정부형 조직이다.[48] 기술 개발, 사회문제 해결, 산업 협력, 공공 정책 자문 등 전방위적인 AI 전략을 기획하고 실행하는 이 조직의 수장은 다름 아닌 난양공대의 총장이다.[49]

그 선택은 단순한 행정적 이유에 의한 것이 아니고, 싱가포르라는 나라가 대학을 바라보는 시작이 분명히 드러난 결과다. 싱가포르에서 대학은 지식만 축적하는 기관이 아니라, 국가 전략을 설계하고 실행하는 플랫폼이다. AI 싱가포르는 실용적 기술의 개발, 즉 '논문보다 문제 해결'을 우선시하며, 산업 현장과 공공 부문에서 AI의 현실적 적용을 중심에 둔다. 그 관점에서 볼 때, 융합적 사고와 산업 협력에 강한 난양공대는 단순한 연구 기관이 아니라 국가기술 인프라의 일부가 된 셈이다.[50]

난양공대는 이러한 역할을 단지 상징적으로 수행하지 않고 실제적인 인재 양성 시스템을 운영하며 AI 생태계의 중심축을 형성하고 있다. 대표적인 예가 AI 싱가포르가 주관하는 'AI 견습 프로그램AI Apprenticeship Programme, AIAP'이다. 이 프로그램은 단기 부트캠프나 이론 교육에 머무르지 않는다. 6개월에서 9개월 동안 수강생들은 실제 기업, 병원, 정부 기관이 직면한 문제를 해결하는 프로젝트를 수행하며, 현장 중심의 기술을 체득한다. AIAP는 단순한 교육이 아니라, 싱가포르 국가 차원의 AI 인력 생산 체계, 즉 'AI 프로덕션 라인'이라 할 수 있다.[51]

이 과정에서 난양공대는 핵심적인 파트너가 되어준다. 교수진과 멘토를 공급하고, 프로젝트를 공동 설계하며, 실험 공간과 연구 인프라를 지원한다. 이는 교육과 연구, 산업의 경계를 넘나드는 '실험실로서의 대학'이라는 새로운 개념을 정착시키는 실례이기도 하다. 즉 난양공대는 단지 AI 기술을 연구하는 곳이 아니라, 기술을 사회로 연결하고, 그 사이를 사람으로 채우는 통합 플랫폼인 것이다.[52]

지금 싱가포르는 질문을 바꾸고 있다. "대학은 무엇을 가르치는가?"에서 "대학은 어떤 국가를 만들 수 있는가?"라는 질문으로. 그 중심에 난양공대가 있다. 오픈AI가 열어젖힌 AI의 시대, 대학은 이제 과거의 문법으로 존재할 수 없다. 대학은 '국가의 지적 인프라'이자, '사회 혁신의 설계자'로서 거듭나야 한다. 싱가포르의 AI 전략은 그것을 실행 중이다.

그리고 난양공대는 그 전략의 얼굴이다.

6

우리는 어떤 대학을
남겨줄 것인가

새로운 대학의 길

앞으로 교육자는 학습하는 존재여야 한다. AI 시대, 전환기의 교육자는 교사이면서 학습자이고, 리더이면서 촉진자이며, 사유를 유도하는 구조의 설계자다.

혼돈의 시대에
학문을 한다는 것

학교에 있다 보면 나이를 먹는 줄
도 모른다. 매년 새 얼굴의 학생들과 함께 호흡하고, 토론하고, 실
험실에서 부대끼며 지내다 보면 시간의 흐름이 아주 다르게 느껴
진다. 그러다 문득 제자였던 학생이 동료 교수가 되어 나와 나란히
앉아 회의에 참여하고, 연구실 막내였던 학생이 연구실을 이끌고
있다는 사실을 깨달을 때 '아, 시간이 참 많이 흘렀구나' 하는 생각
이 든다.

6개월 전, 우리 그룹을 막 졸업한 한 제자로부터 SNS 메시지가
도착했다. 서울대 출신의 성실하고 우수한 친구였다. 졸업 직후 결
혼도 하고, 박사후 과정을 준비하며 여러 미국 연구실에 지원했지
만, 답이 오지 않는다고 했다. 내가 받은 리스트에는 이름만 들어도
알 만한 명문대 연구실이 있었다. 평소라면 하나쯤은 긍정적인 소

대학의 미래는 싱가포르에 있다

식을 들을 수 있었을 텐데, 이번엔 뭔가 달랐다. 나는 그가 지원한 그룹 하나하나를 확인하고, 직접 그 교수들에게 메일을 썼다. 추천서 쓰기를 넘어서, 한 사람의 가능성을 믿고 손을 내미는 일이었다.

당시 내 머릿속에는 몇 달 전 스탠퍼드와 진행한 공동 연구 미팅의 장면이 맴돌았다. 꽤 오랜 시간 협력해온 교수 한 분이 이런 이야기를 했다. 본인 연구실을 유지하기 위해 사비로 3억 5,000만 원을 털어 박사후 인력 10명 중 3명을 지원하고 있다는 것이었다. 만약 가을까지 정부 펀딩이 확보되지 않으면 추가로 3억 5,000만 원을 더 넣을 각오라고 말하던 모습을 상기하며, 미국 학계의 상황이 심상치 않다는 걸 실감했다. 이 일은 특정 대학이나 특정 연구실의 위기가 아니라, 구조적 전환의 조짐이었다.

생각해보면 이런 혼란은 이번이 처음이 아니다. 나는 이와 유사한 경험을 세 차례나 겪었다.

처음은 1997년, 미국에서 공부하던 시절이었다. 아시아 외환 위기가 터지면서 같이 공부를 하던 후배, 동료, 선배가 공부를 포기하고 떠났고, 갑작스러운 경제 불안정으로 주변 선배들의 채용에도 어두운 그림자가 드리워졌다.

두 번째는 2008년 글로벌 금융 위기였다. 세계적인 대학들도 타격을 받았다. 당시 UC 계열을 비롯한 미국 대학들이 교수 채용을 대거 중단했고, 국립보건원과 국립과학재단의 연구비 지원도 눈에 띄게 줄어들었다. 나 역시 그 여파로 채용 계획을 3년 가까이 중단해야 했고, 같이 일하던 많은 동료가 일자리를 구하지 못해 해외로 눈을 돌려야 했다. 내게는 그 시기가 '하이어 프리징hire freezing'이라는 단어를 처음 체감한 시기였다.

그리고 세 번째는 2020년 팬데믹이었다. 코로나19는 물리적 이동만 막은 것이 아니라, 국제 공동 연구와 인재 교류를 완전히 정지시켰다. 예일, 프린스턴, MIT를 포함한 미국 전역의 명문 대학이 교수 채용을 일제히 동결했고, 박사후 과정은 '불필요한 고용'으로 분류되기 일쑤였다. 싱가포르에서조차 일부 대학은 신규 채용을 무기한 연기했고, 해외 연구자가 입국하는 것조차 쉽지 않았다.

내 제자의 경우도 비슷했다. 결국 예일대의 한 연구실에서 연락이 왔고, 운 좋게 펀딩이 확보되어 연구를 시작할 수 있게 됐다. 그런데 이번엔 비자 문제가 발목을 잡았다. 트럼프 행정부 당시 미국 비자 정책이 급변하면서, H1-B 비자나 J-1 비자 발급이 일시 중단됐던 것이다. 어렵게 비자가 나왔지만, 또 한 번 우울한 소식이 전해졌다. 이번엔 예일대 전체가 채용 중단 상태에 돌입했다는 것이었다. 그때 나는 제자에게 말했다. 비자는 나왔으니 가능한 한 계획대로 출국해보고, 실험에 필요한 장비나 재료는 내가 싱가포르에서 지원할 테니 직접 가서 연구를 할 수 있다고 말해보라고.

지금 우리가 사는 세상은 예측할 수 없고, 변화는 빠르며, 명확한 기준이 사라진 혼돈의 시대다. 그러한 시대에서 학문을 한다는 것, 후배 연구자들에게 길을 제시한다는 것이 얼마나 어려운 일인

대학의 미래는 싱가포르에 있다

지 매일 실감하고 있다.

앞으로도 우리는 한 번도 가보지 않은 세상, 익숙하지 않은 선택의 기로에 설 것이다. 그때 우리는 최선이 아닌 '차선'으로, 혹은 때론 '덜 나쁜 선택'으로 방향을 정해야 할 수도 있다. 하지만 좋은 결정이 항상 좋은 결과를 낳는 것도 아니고, 나쁜 결정이 끝까지 나쁜 결과로 이어지는 것도 아니다. 중요한 것은 그 결정을 어떤 마음으로 해석하고, 그 이후의 시간을 어떻게 계획하고 실천하느냐 하는 것이다.

가르치는 사람에서
함께 질문하는 사람으로

대학은 이제 지식의 상아탑이 아니다. 실천의 무대이며, 변화의 전초기지다. 싱가포르에서 보낸 14년은 그 사실을 매일 경험하며 증명한 시간이었다. 이곳에서 대학은 강의실과 실험실의 경계를 넘었다. 산업과 정부, 정책과 커뮤니티를 연결하는 플랫폼 기능을 하고, 연구는 기술 이전만이 아닌 사회적 영향까지 고려해야 했다. 대학은 곧 사회의 엔진이자 실험하는 공동체였다.

나는 난양공대에서 다양한 제도 실험에 직접 참여하며 이 특성을 몸으로 느꼈다. AI 싱가포르, 국가연구재단, CREATE Campus for Research Excellence & Technological Enterprise, 그리고 변환경제센터 Centre for Cross Economy 같은 프로그램은 모두 대학이 단지 연구비를 따내는 것이 아니라, 사회문제 해결자로 나서는 구조였다. 국가의 전략, 산업의 변화, 그리고 교육의 혁신이 동시에 맞물리는 생태계가 형성됐다.

특히 변환 경제 프로그램은 지속 가능성 담론에 그치지 않고 '자원-기술-정책'의 순환을 실현하려는 시도였다. 폐기물을 자산으로 보고, 산업 간 경계를 넘는 협업을 이끌며, 과학기술의 사회적 전환을 실천하는 이 실험은 우리 교육의 본질적 질문과 연결되어 있다.

하지만 내가 한 사람의 교육자로서 더 깊이 고민하는 것은 이 제도를 통해 어떤 인간을, 어떤 유산을 남길 수 있느냐 하는 것이다. 플랫폼은 수단일 뿐, 본질은 여전히 사람이다. 지금 이 순간에도 우리는 새로운 제도를 만들고, 혁신적인 프로그램을 설계하고, 데이터 기반의 교육 성과를 측정하고 있다. 그러나 진짜 중요한 것은 다음 세대가 '스스로 질문하는 법'을 배울 수 있도록 하는 것이다.

우리는 다음 세대에게 어떤 대학을 남겨줄 것인가?

내가 바라보는 대학은 '완성된 시스템'이 아니라 '질문에 열려 있는 시스템'이다. 다양성과 실험이 보장되지 않는 대학, 실패할 권리가 주어지지 않는 구조, 질문하지 않는 교육자와 질문할 수 없는 학생이 존재하는 교육 현장은 미래를 준비하는 공간이 아니다. 우리가 다음 세대에게 남겨야 할 대학은 정답이 아니라 가능성을 가르치는 곳, 수직적 지식 전달이 아니라 수평적 교류가 허용되는 곳, 그리고 무엇보다 '질문할 수 있는 자유'가 보장된 곳이어야 한다. 그런 대학이야말로 지금 우리가 남겨야 할 가장 중요한 유산이 아닐까?

교육자는 이제 지식만 전달하는 자가 아니다

한때 교육자는 '지식을 아는 사람'이었고, '그 지식을 전달하는 사람'이었다. 교실은 일방향적 구조였고, 교수는 정답을 말하는 존재였다. 그러나 오늘날의 교육 현장은 이러한 구조로 작동하지 않는다. 기술의 발전, 정보의 무한 접근성, 그리고 학습자 주도의 학습 환경은 교수에게 새로운 역할을 요구하고 있다.

학생들은 지식에 접근할 수 있는 수많은 창을 가지고 있다. 유튜브, 무크MOOC, 챗GPT, 오픈 액세스 논문 등 정보의 홍수 속에서 그들에게 진정 필요한 것은 '어떤 정보를 신뢰해야 하는지, 어떻게 비판적으로 바라봐야 하는지, 어떤 맥락에서 이 지식이 의미를 가지는지' 판단하는 능력이다. 다시 말해 교육자의 역할은 길을 가르치는 자에서 길을 함께 걷는 자, 혹은 길을 함께 만들어가는 자로 바뀌었다.

나는 난양공대에서 수업을 개설하고, 멘토링을 하고, 실험실을 운영하며 교육자의 정체성에 대해 깊이 고민했다. 그리고 확신했다. 오늘날 교육자의 역할은 큐레이터이자 촉진자, 설계자이자 동반자라는 사실을. 단적인 예로 내가 운영한 수업 중에는 정답지를 주지 않고, 학생들이 스스로 문제를 정의하고 해결 과정을 설계하게 한 것도 있었다. 정답을 맞히는 것이 아니라, 문제를 어떻게 설정하는지가 더 중요한 수업이었다. 어떤 학생은 낯설어했고, 어떤 학생은 스스로를 재발견했다. 그리고 나는 그들 옆에서 조용히 관찰하고, 때로는 방향을 묻고, 함께 질문을 던졌다. 그 순간 나는 지식을 '가르치지 않았지만', 길을 '함께 만들고' 있었다.

교육자는 이제 질문을 유도하고, 사유의 깊이를 안내하고, 실패의 실험대를 마련하는 사람이다. 지식은 언제나 업데이트되고, 그 업데이트를 반영하는 속도는 우리보다 기계가 더 빠르다. 그렇기에 진짜 교육은 지식 자체보다 지식을 다루는 태도, 아는 것보다 모르는 것을 인정하는 용기를 길러주는 것이다.

그리고 교육은 정답을 전달하는 구조에서는 결코 이루어지지 않는다.

앞으로 교육자는 학습하는 존재여야 한다. AI 시대, 전환기의 교육자는 교사이면서 학습자이고, 리더이면서 촉진자이며, 사유를 유도하는 구조의 설계자다. 나는 그런 교육자로 남고 싶다. 지식을 넘어 질문과 성찰의 공간을 열어주는 사람으로 말이다.

그것이 바로 오늘날 교육자가 감당해야 할 새로운 윤리이고, 다음 세대에게 남겨야 할 진정한 교육의 본질이다.

미래 고등교육을 위한 제언

          지금 우리가 살아가고 있는 이 시대는 예측을 넘어서는 급격한 변화와 불확실성의 시기다. 국가 간의 패권 경쟁, 기술 패러다임의 전환, 자원의 재편, 가치 체계의 충돌이 한꺼번에 맞물려 일어나고 있다. 이러한 흐름을 함축하는 키워드는 바로 '뷰카'다. 이는 오늘날 세계 질서를 이해하고, 그 속에서 고등교육이 나아가야 할 방향을 모색할 때 반드시 짚고 넘어가야 할 개념이다.

• 변동성Volatility

글로벌 시장과 정치 질서는 극심하게 요동치고 있다. 국제 정세는 하루가 멀다 하고 바뀌며, 기존의 질서는 쉽게 무너지고 있다. 오늘의 상식이 내일의 리스크가 되고, 예측이 무

의미해지는 시대에 우리는 살고 있다.

• **불확실성** Uncertainty

아무리 데이터를 축적하고 분석해도, 미래는 예측할 수 없다. 정보가 부족해서가 아니라, 방향 자체가 분명하지 않기 때문이다. 특히 과학과 교육 분야에서도 예산, 제도, 인재 구조가 하루아침에 뒤바뀔 수 있는 환경이 지속되고 있다.

• **복잡성** Complexity

기술, 외교, 경제, 문화가 서로 얽히며 문제는 점점 다층적으로 전개된다. 고등교육 역시 단일 부처나 기관, 단일 정책으로 해결할 수 없는 복잡계의 일부가 됐다.

• **모호성** Ambiguity

무엇이 옳고, 누구의 선택이 바람직한지조차 분명하지 않다. 서로 다른 해석이 공존하고, 전통적인 판단 기준이 무너진 이 시대에 고등교육의 역할 역시 새롭게 정의되어야 한다.

이러한 상황은 교육계에도 직접적인 충격을 주고 있다. 최근 미국에서 벌어지고 있는 고등교육 시스템의 동요는 상징적이다. 나 역시 이러한 변화를 직접 겪고 있다. 한국의 교육 시스템은 여전히 국가 기반이지만, 인재는 국경을 넘고 있다. 우리는 지금 '아카데미의 탈중심화'라는 거대한 흐름의 초입에 서 있다.

이런 상황에서 한국은 대학 개혁을 위해 무엇을 해야 하는가?

대학의 미래는 싱가포르에 있다

14년간 싱가포르에서의 경험을 돌아보면, 한국의 잠재력은 분명 존재한다. 우수한 인재 풀, 빠른 시스템 실행력, 공공 의식이 강한 교육 행정. 그러나 우리는 아직 플랫폼을 만들지 못하고 있다. 변화에 선제적으로 대응하지 못하고, 구조적 준비 없이 감탄과 수용에만 머무르는 경우가 너무 많다.

핵심 이유 중 하나는 총장 선출 구조와 리더십 지속성의 결여다. 한국의 대학은 여전히 총장을 내부 투표로 선출하고, 임기는 짧으며, 새로운 철학을 구현할 수 있는 시간도 공간도 구조도 존재하지 않는다. 글로벌 플랫폼을 설계하고 실행하기 위해서는 중·장기적 시야와 구조적 연속성이 필수지만, 우리는 이를 제도적으로 봉쇄해버렸다.

한국의 여러 대학에서 강연 요청이나 포럼 초청을 받았을 때마다 나는 글로벌 다이얼로그 플랫폼을 소개했다. 난양공대가 어떻게 노벨상 수상자들과의 대화를 제도화하고, 그것을 단기적 이벤트가 아니라 구조화된 문화로 전환했는지 설명하면, 청중은 늘 감탄하며 열광적인 반응을 보였다. 그러나 언제나 거기서 멈췄다. 이후 구체적인 실천으로 이어진 사례는 거의 없었다.

왜 그럴까? 나는 그 이유가 한국 대학의 총장 선출 시스템이라는 구조적 문제에 있다는 결론에 도달했다. 대부분 한국 대학 총장 선거의 유권자는 교수와 교내 구성원이다. 개혁의 대상인 집단이 리더십을 선출하는 구조인 것이다. 개혁적 비전을 가진 인물이 선출되기 힘들고, 총장에 당선된다고 해도 대부분 교수의 퇴임을 연장하는 '4년짜리 보직'에 그친다. 연임도 어렵다. 이런 조건에서 중·장기적 플랫폼을 설계하거나, 외부와의 구조적 연결을 유지할 수 있는 리더십이 지속되기란 거의 불가능하다.

결국 한국 대학들이 글로벌 다이얼로그에 열광하면서도 그것을 따라가지 못하는 이유는 철학이 부족해서가 아니라, 그 철학을 실현할 수 있는 제도적 기반이 없기 때문이다. 좋은 아이디어는 많다. 하지만 그것을 누가, 어떻게, 얼마나 오래 지속적으로 밀고 나갈 수 있는가? 이 질문에 답하지 못한다면, 모든 구상은 '반응'으로 끝날 뿐이다.

앞으로의 고등교육은 지식을 '가르치는 곳'이 아니라, 질문을 함께 '만드는 곳'이 되어야 한다. 그리고 그 질문이 우리가 다음 시대를 통과할 수 있는 나침반이 되어줄 것이다.

지금 이 시점에 내가 할 수 있는 말이 있다면, 그것은 대학의 미래에 대해 질문을 멈추지 말아야 한다는 것이다. 필자가 직접 체험한 교육 시스템과 국제 연구 환경, 그리고 여러 제도 속에서 마주한 수많은 장면은 모두 하나의 메시지로 수렴했다. 지금의 대학은 더는 과거의 논리로는 미래에 대비할 수 없다는 것이다.

질문하는 존재로 남기 위해

싱가포르에 온 지 어느덧 15년에 접어든 지금도 여전히 스스로에게 묻는다.

"나는 지금도 질문하는 존재인가?"

이 책을 쓰는 순간, 지금 이렇게 이 글을 마무리하는 이 순간까지도, 이 질문이 나를 이끌어온 가장 근본적인 동력이었다.

질문은 단순한 학문적 호기심의 표현이 아니다. 질문은 방향이다. 질문은 태도이며, 그 자체로 살아 있는 움직임이다. 내가 싱가포르에 처음 도착했을 때 "왜 이곳은 위기를 기회로 전환할 수 있었을까?"라는 물음으로부터 나의 여정이 시작됐다. 그리고 그 질문은 실험실이라는 닫힌 공간을 넘어 교육, 제도, 정책, 사람과의 관계로 이어지며 나를 교육자의 자리로 밀어 넣었다.

변동성, 불확실성, 복잡성, 모호성이 교차하는 이 시대에 질문은 선택이 아니라 필수적인 생존 방식이다. 우리는 과연 예측 불가능한 세계에서 어느 정도까지 의미 있는 결정을 내릴 수 있을까? 단기 성과 중심, 수치화된 인용 지수와 논문 수에 따라 평가받는 환경은 연구자의 사고를 표준화하고 실험을 위축시킨다. 그래서 더욱 묻고 싶다. "우리는 무엇을 위해 연구하고 교육하는가?"

이 책에서 내가 반복적으로 다룬 주제는 '불확실성을 포용하는 유연함'이다. 하지만 그 유연함은 단순한 순응이 아니라, 끊임없는 질문을 통해 경계를 재정의하는 능력에서 비롯된다. 질문하는 존재로 남는다는 것은 스스로의 무지를 인정하고, 익숙한 것을 낯설게 보려는 용기를 내는 일이다. 그리고 연속되는 질문은 삶과 연구, 교육을 관통하는 지적 태도의 반영이다.

싱가포르에서의 14년은 나에게 끊임없는 전환의 시간이었고, 그 전환마다 나는 '왜'라는 물음을 놓치지 않았다. "왜 이 제도는 이렇게 설계됐는가?", "왜 우리는 여전히 전공이라는 벽을 허물지 못하는가?", "왜 교수라는 직업은 관리자로 변모해버렸는가?", "왜 학생은 질문하지 않게 됐는가?" 이 책의 각 장은 이런 질문에 대한 나의 끊임 없는 응답이다.

나는 이 책을 통해 대학이라는 공간, 교수라는 직업, 그리고 연구라는 행위를 다시 질문해보려 한다. 질문하지 않는 대학은 박제된 박물관이고, 질문을 멈춘 교육자는 단순한 지식 전달자일 뿐이다. 우리가 진정 후배 세대에게 남겨줄 수 있는 유산이 있다면, 그것은 완성된 해답이 아니라, 멈추지 않는 질문일 것이다.

결국, 질문하는 존재로 남는다는 것은 정답보다 더 중요한 것을 찾는 일이다. 무엇을 아는가보다, 무엇을 계속해서 궁금해하는가가 더 중요하다. 지식은 닫힌 문을 여는 열쇠지만, 질문은 그 문을 찾는 나침반이다.

앞으로의 15년이 기존 시간의 단순한 연장이 아닌, 새로운 협력과 책임, 그리고 더 넓은 경계를 넘는 시간이라면, 나는 그 여정의 시작점에 서 있는 셈이다. 이 책은 그 미래를 향한 나의 첫 번째 이정표이자, 독자 여러분과 함께 나누는 동행의 기록이다.

독자들이 각자의 위치에서 다시 한번 자신에게 묻기를 바란다.

"나는 지금 어떤 질문을 품고 있는가?"

감사의 글

이 책은 매우 우연한 만남에서 시작되었습니다. 실리콘밸리와 베이 지역Bay Area에 있을 때 저는 많은 방문객을 맞이하곤 했습니다. 혁신의 아이콘이라 불리는 그곳에는 배우고자 하는 사람들이 끊임없이 찾아왔고, 저는 그들에게 가이드 역할을 하거나 다양한 방식으로 교류를 이어왔습니다. 싱가포르에 처음 왔을 때는 그런 기회가 많지 않았지만, 시간이 지나면서 '난양공대를 배우자, 싱가포르를 배우자'라는 분위기가 한국을 비롯한 여러 나라로 확산됐습니다. 그 흐름 속에서 다양한 분들이 싱가포르와 난양공대를 배우기 위해 찾아오셨습니다.

그러던 중 지인의 소개로, 우연히 현 안세재단의 박영준 이사장님(전 산업자원부 차관)을 만나게 됐습니다. 안세재단은 해외와의 교류를 통해 한국의 산업·단합·교육 발전을 도모하는 재단입니다. 이사장님이 싱가포르를 방문하고, 난양공대 총장님과 부총장님을 만나고 나서 '난양공대에는 배울 점이 많지만, 아직도 싱가포르와 난양공대를 잘 모르는 분들이 많으니 글로 정리해보면 좋겠다'는 제안을 해주셨습니다.

마침 2021년이 난양공대 설립 30주년이자, 제가 싱가포르에서 보낸 시간이 15년을 향해 가는 시점이었습니다. 저 역시 한 번쯤은 지난 시간을 정리해둘 필요가 있다고 생각하고 있었기 때문에 이사장님의 제안을 흔쾌히 받아들였습니다. 이 책의 출간은 안세재단의 전폭적인 지원 덕분에 가능했으며, 이에 깊이 감사드립니다.

집필 과정에서 15년간의 기억을 더듬으며 이메일과 자료를 찾아 정리하고, 각종 참고 문헌과 레퍼런스를 꼼꼼히 확인하는 데 큰 도움을 주신 우리 연구 그룹의 송예원 박사님, 김한나 연구원(현 박사과정), 그리고 함께 수고해준 동료들에게 감사를 전합니다.

또 현재 그룹에서 함께 연구하고 있는 30여 명의 박사후 연구원과 박사과정 연구자, 그리고 지난 10여 년간 연구실을 거쳐 간 100명 이상의 졸업생, 박사후 과정생에게도 깊이 감사드립니다. 저는 이들을 '확장 가족'이라고 부르며, 앞으로 이들과의 더 큰 도약과 발전을 기대합니다.

이 책의 전체 원고를 세심하게 감수해주신 한양대 인문과학대학 사학과 임계순 명예교수님께도 특별한 감사를 드립니다.

마지막으로 거의 1년 동안 매일 저녁 학교 사무실에 나와 집필에 몰두하는 저를 묵묵히 지지해준 아내 박유현 박사, 그리고 건강하게 자라고 있는 두 아이 현찬이와 현경이에게 사랑과 감사의 마음을 전합니다.

프롤로그

1 Schleicher, A. *Building on COVID-19's Innovation Momentum for Digital, Inclusive Education; OECD* Publishing. Paris, 2022. DOI: 10.1787/24202496-en.

2 성문주. *대학 융합교육 지원 정책 분석 및 개선 방향.* 국회미래연구원, 서울, 2024.

3 노명희; 강지혜; 김용환; 이종욱. *국내·외 대학의 연구업적 평가제도 소개: 정성적 측면의 연구업적 평가를 중심으로.* 한국연구재단, 대전, 2022.

4 Cho, N.-J. Preparing for tomorrow with materials today. *Materials Today* 2022, 61, 1–3. DOI: 10.1016/j.mattod.2022.11.006.

1장

1 Tabaei, S. R.; Choi, J. H.; Haw Zan, G.; Zhdanov, V. P.; Cho, N. J. Solvent-assisted lipid bilayer formation on silicon dioxide and gold. *Langmuir* 2014, 30 (34), 10363–10373. DOI: 10.1021/la501534f From NLM Medline.

2 Cho, N. J.; Cheong, K. H.; Lee, C.; Frank, C. W.; Glenn, J. S. Binding dynamics of hepatitis C virus' NS5A amphipathic peptide to cell and

model membranes. *J Virol* 2007, 81 (12), 6682–6689. DOI: 10.1128/
JVI.02783–06 From NLM Medline.

Cho, N. J.; Cho, S. J.; Cheong, K. H.; Glenn, J. S.; Frank, C. W. Employing
an amphipathic viral peptide to create a lipid bilayer on Au and TiO2. J
Am *Chem Soc* 2007, 129 (33), 10050–10051. DOI: 10.1021/ja0701412
From NLM Medline.

3   Cho, N. J.; Dvory–Sobol, H.; Xiong, A.; Cho, S. J.; Frank, C. W.; Glenn, J.
S. Mechanism of an amphipathic alpha–helical peptide's antiviral activity
involves size–dependent virus particle lysis. ACS *Chem Biol* 2009, 4 (12),
1061–1067. DOI: 10.1021/cb900149b From NLM Medline.

4   Cho, N. J.; Cho, S. J.; Cheong, K. H.; Glenn, J. S.; Frank, C. W. Employing
an amphipathic viral peptide to create a lipid bilayer on Au and TiO2. *J
Am Chem Soc* 2007, 129 (33), 10050–10051. DOI: 10.1021/ja0701412
From NLM Medline.

5   HFSP. *Human Frontier Sceience Program*. https://www.hfsp.org/
(accessed 2025 August 9).

6   Leopoldina. *Bengt Nordén*. https://www.leopoldina.org/en/members/list–
of–members/list–of–members/member/Member/show/bengt–norden/
(accessed 2025 August 9).

7   Google Scholar. *Bengt Nordén*. https://scholar.google.com/citations?use
r=RAKg9HgAAAAJ&hl=en (accessed 2025 August 9).

8   난양공과대학교는 싱가포르를 대표하는 연구 중심 국립대학으로, 그 기원은 1955년
화교 사회가 설립한 난양대학(南洋大学)이다. 난양대학은 중국어를 교육 언어로
사용하는 동남아 최초의 대학으로, 지역사회의 문화 정체성과 지식 자립을 상징했
다. 이후 1980년, 싱가포르 정부 주도로 싱가포르국립대학과의 통합을 통해 난양
기술대학(Nanyang Technological Institute, NTI)으로 재편됐고, 1991년에는
국립 종합대학인 난양공과대학교로 정식 출범했다. 같은 해 교육대학(Institute of
Education)과 통합하면서 현재의 교직원 양성 및 연구 체계를 갖추었다.

난양공대는 이후 빠르게 세계적 수준의 연구 중심 대학으로 도약했으며, 2026년

QS 세계 대학 순위에서 세계 12위, 아시아 3위로 평가받았다. 특히 공학 및 기술 분야에서 세계 11위, 데이터 과학 및 AI 분야에서는 세계 5위, 아시아 1위를 기록하며 글로벌 기술대학의 위상을 확립하고 있다.

TopUniversities. *Nanyang Technological University, Singapore (NTU Singapore): Rankings, Fees & Corses Details*. 2025. https://www.topuniversities.com/universities/nanyang–technological–university–singapore–ntu–singapore (accessed 2025 August 9).

NTU. *University Rankings (World / Asia)*. 2025. https://www.ntu.edu.sg/about–us/facts–figures/university–rankings (accessed 2025 August 9).

9 Academia Europaea. *Bertil Andersson*. https://www.ae–info.org/ae/Member/Andersson_Bertil (accessed 2025 August 7).

10 Sharma, Y. The story of how Singapore became a research nation. *University World News*, 15 December 2017, 2017. https://www.universityworldnews.com/post.php?story=20171215122350628.

11 Harvard Business School. *Global Impact of the Collapse*. 2018. https://www.library.hbs.edu/special–collections–and–archives/exhibits/lehman/global–impact–of–the–collapse (accessed 2025 August 6).

12 NIH. *Pathway to Independence Awards (K99/R00)*. 2025. https://www.nigms.nih.gov/training/careerdev/Pages/PathwayIndependence (accessed 2025 August 6).

13 Burroughs Wellcome Fund. *Career Awards at the Scientific Interface*. 2024. https://www.bwfund.org/funding–opportunities/interfaces–in–science/career–awards–at–the–scientific–interface/ (accessed 2025 August 6).

14 Chiong, V.; Kam, C. H.; Kwok, K. W.; Eileen, T.; Faith, T. *Thirty Years of Momentum, 30 Perspectives*; Nanyang Technological University, 2022.

15 NIH. *Pathway to Independence Awards (K99/R00)*. 2025. https://www.nigms.nih.gov/training/careerdev/Pages/Pathway Independence

16 Burroughs Wellcome Fund. *Career Awards at the Scientific Interface*.

2024. https://www.bwfund.org/funding–opportunities/interfaces–in–science/career–awards–at–the–scientific–interface.

17 NTU. *Nanyang Assistant/Associate Professorship* (NAP). 2025. https://www.ntu.edu.sg/research/research–careers/nanyang–assistant–professorship–(nap).

18 NUS. *Singapore National Research Foundation Fellowship (Singapore NRF Fellowship)*. 2023. https://www.nus.edu.sg/research/research–administration–and–shared–services/funding–opportunities–old/singapore–nrf–fellowship.

19 NTU. *Nanyang Assistant/Associate Professorship* (NAP). 2025. https://www.ntu.edu.sg/research/research–careers/nanyang–assistant–professorship–(nap) (accessed 2025 August 6).

20 RIEC. *RESEARCH, INNOVATION AND ENTERPRISE COUNCIL FOCUSES ON HIGH-IMPACT RESEARCH AND R&D TALENT.* 2007. https://www.nas.gov.sg/archivesonline/data/pdfdoc/20070316997.pdf (accessed.

21 NRF. *Singapore NRF Fellowship FAQs 2013.* 2013. https://www.yumpu.com/en/document/view/39953229/04–singapore–nrf–fellowship–faqs–2013–national–research– (accessed 2025 August 9).

22 NUS. *Singapore National Research Foundation Fellowship (Singapore NRF Fellowship)*. 2023. https://www.nus.edu.sg/research/research–administration–and–shared–services/funding–opportunities–old/singapore–nrf–fellowship (accessed 2025 August 9).

23 NTU. *Nanyang Assistant/Associate Professorship* (NAP), 2025. https://www.ntu.edu.sg/research/research–careers/nanyang–assistant–professorship–(nap) (accessed 2025 August 6).

24 NRF. *NRF Fellowship.* 2025. https://www.nrf.gov.sg/grants/nrff/ (accessed 2025 August 6).

25 infollutionZERO. *infollutionZERO: About.* 2010. https://www.linkedin.com/company/infollutionzero/about/.

대학의 미래는 싱가포르에 있다

26 Schiebinger, L.; Henderson, A. D.; Gilmartin, S. K. *Dual-Career Academic Couples: What Universities Need to Know; Clayman Institute for Gender Research*, Stanford University, 2006. https://hps.stanford.edu/sites/hps/files/media/file/dualcareerfinal.pdf.

27 Costa, J. *Conflict of interest legislation in Brazil, South Korea and the European Union: International case studies; Basel Institute on Governance*, 2023. https://baselgovernance.org/sites/default/files/2023-06/220627_WP-47.pdf.

28 Cornell University. *Dual Career Program*. https://hr.cornell.edu/people-leaders/hiring-transitions/making-offer/dual-career-program (accessed 2025 August 9).

29 Carnegie Mellon University. *Dual Career Program - Careers @ Carnegie Mellon*. https://www.cmu.edu/jobs/dual-careers/index.html (accessed 2025 August 9).

30 Harvard University. *Dual-Career Assistance*, https://facultyresources.fas.harvard.edu/dual-career-assistance (accessed 2025 August 9).

31 Chng, A. Centre partnerships through a Singaporean lens: The role of mothers, fathers, grandparents, and domestic helpers. In *Relationships with Families in Early Childhood Education and Care*, Lehrer, J., Hadley, F., Van Laere, K., Rouse, E. Eds.; Routledge, 2022; p 222.

32 NTU. *Faculty Housing*, https://www.ntu.edu.sg/life-at-ntu/accommodation/faculty-housing (accessed 2025 August 8).

33 MOM. *Work Permit for migrant domestic worker*, 2025. https://www.mom.gov.sg/passes-and-permits/work-permit-for-foreign-domestic-worker (accessed 2025 August 6).

34 MOM. *Work Permit for migrant domestic worker*. 2025. https://www.mom.gov.sg/passes-and-permits/work-permit-for-foreign-domestic-worker (accessed 2025 August 6).

Able Best. *Complete Guide to Maid Salary in Singapore 2022*. 2022.

https://ablebest.com.sg/guide-maid-salary-in-singapore-2022/
(accessed 2025 August 13).

35 Michaels, S. *Burmese Women in Agriculture Face Pay Disparity, Discrimination.* The Irrawaddy, 2014. https://www.irrawaddy.com/business/burmese-women-agriculture-face-pay-disparity-discrimination.html (accessed 2025 August 13).
Simeon, L. M. *Gender pay inequality rampant in agriculture sector.* Philippine Institute for Development Studies, 2020. https://www.pids.gov.ph/details/gender-pay-inequality-rampant-in-agriculture-sector (accessed 2025 August 13).

36 고용노동부. *고용허가제 업종 여부는 최저임금 제외 여부와 관계없습니다.* 2024. https://blog.naver.com/molab_suda/223545509955.

2장

1 NTU. Nanyang Technological University, Singapore: A centre for leading science, In *Nature Index*, 2016.

2 Su, G. International Collaboration as a Catalyst for Change: The Case of Nanyang Technological University, Singapore 2003–2017. In *Successful Global Collaborations in Higher Education Institutions*, 2020; pp 43–50.

3 Forum, P. Z. *Prof. Lam Khin Yong.* 2025. https://www.pointzeroforum.com/speakers-2025/spkr8274-prof-lam-khin-yong (accessed 2025 August 10).
NTU. *Leading NTU's research enterprise.* 2022. https://www.ntu.edu.sg/research/research-hub/news/detail/leading-ntu-s-research-enterprise (accessed 2025 August 10).

4 NTU. *Leap Year: Nanyang Technological University Annual Report 2011.* 2011. https://www.ntu.edu.sg/docs/default-source/corporate-ntu/annual-reports/2011-120801_ntuar2011(final).pdf.

5 NTU. *NTU's new President and Provost to lead the way in transforming*

대학의 미래는 싱가포르에 있다

NTU into a world-class university that integrates education, research and innovation, 2011. https://web.archive.org/web/20190401084828/http://news.ntu.edu.sg/pages/newsdetail.aspx?URL=http://news.ntu.edu.sg/news/Pages/NR2011_Jul04a.aspx&Guid=0c84eec1–f68f–4560–8133–cdb56bead1e1&Category=News+Releases (accessed 2025 August 10).

6 NTU. *Leap Year: Nanyang Technological University Annual Report 2011*; 2011. https://www.ntu.edu.sg/docs/default–source/corporate–ntu/annual–reports/2011–120801_ntuar2011(final).pdf.

7 NTU. *Industry Research Collaborations*. https://www.ntu.edu.sg/research/industry–research–collaborations (accessed 2025 August 10).

8 NTU. *University Leadership*. https://www.ntu.edu.sg/about–us/university–leadership (accessed 2025 August 10).

9 NTU. *PROFESSOR SUBRA SURESH*. https://www3.ntu.edu.sg/CorpComms2/Full%20biography%20of%20Prof%20Subra%20Suresh_NTU%20President.pdf (accessed 2025 August 10).

10 Ibid.

11 Ibid.

12 Ibid.

13 Fan, T. F.; Park, S.; Shi, Q.; Zhang, X.; Liu, Q.; Song, Y.; Chin, H.; Ibrahim, M. S. B.; Mokrzecka, N.; Yang, Y.; et al. Transformation of hard pollen into soft matter. *Nat Commun* 2020, 11 (1), 1449. DOI: 10.1038/s41467–020–15294–w From NLM Medline.

Zhao, Z.; Hwang, Y.; Yang, Y.; Fan, T.; Song, J.; Suresh, S.; Cho, N. J. Actuation and locomotion driven by moisture in paper made with natural pollen. *Proc Natl Acad Sci U S A* 2020, 117 (16), 8711–8718. DOI: 10.1073/pnas.1922560117 From NLM PubMed–not–MEDLINE.

Zhao, Z.; Deng, J.; Tae, H.; Ibrahim, M. S.; Suresh, S.; Cho, N. J. Recyclable and Reusable Natural Plant–Based Paper for Repeated Digital Printing and Unprinting. *Adv Mater* 2022, 34 (19), e2109367. DOI:

10.1002/adma.202109367 From NLM Medline.

14 Luu, R. K.; Deng, J.; Ibrahim, M. S.; Cho, N.–J.; Dao, M.; Suresh, S.; Buehler, M. J. Generative Artificial Intelligence Extracts Structure–Function Relationships from Plants for New Materials. *arXiv* 2025. DOI: 10.48550/arXiv.2508.06591.

15 Jamal, A. *NTU announces three-member senior leadership team to assist president-designate Subra Suresh.* Connected to India, 2017. https://www.connectedtoindia.com/ntu–announces–three–member–senior–leadership–team–to–assist–president–designate–subra–suresh/ (accessed 2025 August 10).

16 NYAS. *Subra Suresh*, https://www.nyas.org/person/subra–suresh/ (accessed 2025 August 10).

17 EurekAlert. *Schaeffler and NTU Singapore expand research collaboration to focus on robotics, mobility, and Industry 4.0.* 2022. https://www.eurekalert.org/news–releases/951820 (accessed 2025 August 10).
Alibaba. *NTU Singapore and Alibaba Group Launch Joint Research Institute on Artificial Intelligence Technologies.* 2018. https://www.alibabagroup.com/en–US/document–1491594018667102208 (accessed 2025 August 10).
Imperial. *Imperial and NTU Singapore form wide-ranging partnership to expand collaboration.* 2022. https://www.imperial.ac.uk/news/241953/imperial–ntu–singapore–form–wide–ranging–partnership/ (accessed 2025 August 10).

18 NYAS. *Subra Suresh.* https://www.nyas.org/person/subra–suresh/ (accessed 2025 August 10).

19 NYAS. *Subra Suresh.* https://www.nyas.org/person/subra–suresh/ (accessed 2025 August 10).
Koh, F. NTU inaugurates fourth president; to launch institute studying impact of technology on society. *The Straits Times*, 2018. https://www.

대학의 미래는 싱가포르에 있다

straitstimes.com/singapore/ntu—inaugurates—fourth—president—to—
launch—institute—studying—impact—of—technology—on (accessed 2025
August 10).

20 NTU. *Past Presidents*. https://www.ntu.edu.sg/about—us/history/past—
presidents (accessed 2025 August 7).

21 NTU. *Industry Research Collaborations*. https://www.ntu.edu.sg/research/
industry—research—collaborations (accessed 2025 August 10). NTU. *Prof
Lam Khin Yong*. https://dr.ntu.edu.sg/entities/person/Lam—Khin—Yong
(accessed 2025 August 10).

22 Forum, P. Z. *Prof. Lam Khin Yong*. 2025. https://www.pointzeroforum.
com/speakers—2025/spkr8274—prof—lam—khin—yong (accessed 2025
August 10). NTU. *Prof* Lam Khin Yong. https://dr.ntu.edu.sg/entities/
person/Lam—Khin—Yong (accessed 2025 August 10).

23 NTU. *University Leadership*. https://www.ntu.edu.sg/about—us/university—
leadership (accessed 2025 August 10).

24 Ibid.

25 NTU. *Board of Trustees*. https://www.ntu.edu.sg/about—us/board—of—
trustees (accessed 2025 August 10).

26 Jones, G. A.; Leišytė, L.; Marquina, M. Governance, Management and
the Academic Profession: Themes and Concluding Observations. In
*University Governance, Management and the Academic Profession, The
Changing Academy–The Changing Academic Profession in International
Comparative Perspective*, 2025; pp 223–234.

27 'Vice President(Innovation & Entrepreneurship), Chairman of NTUitive'로
귀속됐다.

28 El Baradei, L. *Governance in Academic Institutions: Why is it Different
and Difficult?* 2019. https://patimes.org/governance—in—academic—
institutions—why—is—it—different—and—difficult (accessed 2025 August 10).

29 Jones, G. A.; Leišytė, L.; Marquina, M. Governance, Management and

the Academic Profession: Themes and Concluding Observations. In *University Governance, Management and the Academic Profession, The Changing Academy–The Changing Academic Profession in International Comparative Perspective*, 2025; pp 223–234.

30 싱가포르국립대에 'Senior Vice President(Innovation and Enterprise)' 직책 및 'Associate Vice President(Strategic Partnership)' 직책이 존재한다.

31 SMU. *Singapore Management University (SMU)-History*. https://www.smu.edu.sg/about/history (accessed 2025 August 13).
SUTD. MIT–SUTD's seven–year education collaboration a success. 2017. https://www.sutd.edu.sg/media–releases–listing/mit–sutds–seven–year–education–collaboration–a–success/ (accessed 2025 August 13).

32 NTU. *Management Development Programme for Future-ready Leaders*. https://www.ntu.edu.sg/business/admissions/NEE/public–programmes–for–professionals/leadership/management–development–programme–for–future–ready–leaders (accessed 2025 August 13).

33 NUS. *Global Chief Strategy Officer (CSO) Programme*. https://nusbsee.emeritus.org/chief–strategy–officer (accessed 2025 August 13).

34 SMU. *Strategic Leadership with AI and ML*. https://exd.smu.edu.sg/short–courses/strategic–leadership–ai–and–ml (accessed 2025 August 13).

35 SMU. *Executive Certificate in Leadership and People Management*. https://academy.smu.edu.sg/courses/executive–certificate–leadership–and–people–management (accessed 2025 August 13).

36 NTU. *NTU 2025*; 2025. https://www.ntu.edu.sg/docs/default–source/corporate–ntu/ntu–2025–strategy.pdf

37 NTU. *Industry Research Collaborations*. https://www.ntu.edu.sg/research/industry–research–collaborations (accessed 2025 August 10).

38 NTU. *Past Presidents*. https://www.ntu.edu.sg/about–us/history/past–presidents (accessed 2025 August 7).
Ng, K. *NTU names 3 deputies for senior leadership team*. Today Online,

대학의 미래는 싱가포르에 있다

2017. https://www.todayonline.com/singapore/ntu–names–3–deputies–senior–leadership–team (accessed 2025 August 10).

39 NTU. *Prof Lam Khin Yong.* https://dr.ntu.edu.sg/entities/person/Lam–Khin–Yong (accessed 2025 August 10).

40 NRF. *Corporate Laboratories.* https://www.nrf.gov.sg/programmes/corp–labs/ (accessed 2025 August 10).

41 NTU. *Industry partnerships drive innovation in Singapore.* 2025. https://www.ntu.edu.sg/news/detail/industry–partnerships–drive–innovation–in–singapore (accessed 2025 August 10).
Cho. N. J. *Principle Investigator.* https://www.namjooncho.com/principalinvestigator (accessed 2025 August 10).

42 NRF. *Research, Innovation and Enterprise 2025 Plan;* 2020. https://file.go.gov.sg/rie–2025–handbook.pdf.

43 NRF. *RIE2025 Plan Overview.*

44 NRF. *Research, Innovation and Enterprise 2025 Plan;* 2020. https://file.go.gov.sg/rie–2025–handbook.pdf.

45 NTU. *RIE2025: NTU research.* 2020. https://www.ntu.edu.sg/research/research–hub/rie2025–ntu–research (accessed 2025 August 10).

46 Times. T. S. askST: Does it make sense to take an AI-related degree given the rapid technological changes? *The Straits Times.* https://www.ntu.edu.sg/admissions/undergraduate/admissions–stories/does–it–make–sense–to–take–an–ai–related–degree–given–the–rapid–technological–changes (accessed 2025 August 10).

47 NTU. *Energy Research Institute @ NTU.* https://www.ntu.edu.sg/erian (accessed 2025 August 10).

48 SHARE. *CellAg: Bioengineering Tools for Next-Generation Cellular Agriculture.* https://www.share–huj.edu.sg/programmes/cellag (accessed 2025 August 10).

49 KOTRA. 녹색 전환을 위한 싱가포르 정부의 최근 정책 동향. 2022. https://

dream.kotra.or.kr/kotranews/cms/news/actionKotraBoardDetail.
do?SITE_NO=3&MENU_ID=170&CONTENTS_NO=1&pageNo=5&rec
ordCountPerPage=10&bbsGbn=01&bbsSn=243,403,257,254&pNttS
n=195764&pStartDt=&pEndDt=&sSearchGbn=&sSearchVal=&pRegn
Cd=01&pNatCd=&pKbcCd=&pIndustCd=&pHsCode=&pHsCodeNm
=&pHsCdType=&viewType=&gbn=&hotClipGbn=&updtDt=2022−08−
02+10:22:18&pJobTrendGbnCd= (accessed 2025 August 10).

50 Prime Minister's Office Singapore. *Research, Innovation and Enterprise 2030 Plan*(2024 발표 자료).

51 National Research Foundation Singapore. *Research, Innovation and Enterprise 2030 Plan.*
Prime Minister Lawrence Wong. RIE2030 관련 국회 연설 및 정책 브리핑.
Singapore to invest S$37 billion in research, innovation and enterprise over next 5 years: NRF. *Channel News Asia.* https://www.channelnewsasia.com/singapore/national−research−foundation−research−innovation−enterprise−rie−2030−37−billion−5537496.

52 NRF. *Corporate Laboratories.* https://www.nrf.gov.sg/programmes/corp−labs/ (accessed 2025 August 10).

53 NTU. *Rolls-Royce and NTU extend their research partnership with new S$88 million investment.* 2020. https://www.ntu.edu.sg/research/industry−research−collaborations/rolls−royce−and−ntu (accessed 2025 August 10).

54 NTU. *Alibaba-NTU Singapore Joint Research Institute.* https://www.ntu.edu.sg/alibaba−ntu−jri (accessed 2025 August 10).

55 NTU. *Research Institutes and Centres.* https://www.ntu.edu.sg/research/research−capabilities/research−institutes−centres (accessed 2025 August 10).

56 NTU. *Former Dutch minister and renowned gastroenterologist joins NTU as Vice President of Research.* 2024. https://www.ntu.edu.sg/news/detail/

former–dutch–minister–and–renowned–gastroenterologist–joins–ntu–as–vice–president–of–research#:~:text=22%20Feb%202024–,Former%20Dutch%20minister%20and%20renowned%20gastroenterologist%20joins%20NTU%20as%20Vice,drive%20NTU's%20ambitions%20in%20AI. (accessed 2025 August 10).

57 NTU. *Internationally renowned biomedical scientist to join NTU as Deputy President and Provost.* 2025. https://www.ntu.edu.sg/news/detail/internationally–renowned–biomedical–scientist–to–join–ntu–as–deputy–president–and–provost#:~:text=Published%20on%2006%20Jan%202025,of%20ETH%20Zurich's%20Executive%20Board. (accessed 2025 August 10).

3장

1 CityUHK. *Prof. Freddy BOEY.* 2025. https://scholars.cityu.edu.hk/en/persons/boey (accessed 2025 August 7).

2 Wong, K. H. It Changed My Life: 'Unreal' life of NTU president Bertil Andersson. *The Straits Times*, 23 October 2016. 2016. https://www.straitstimes.com/singapore/unreal–life–of–ntus–agent–of–change.
Morgan, J. *Row between 'forced exit' scholar and NTU reignites.* 2015. https://www.timeshighereducation.com/news/row–between–forced–exit–scholar–and–ntu–reignites/2017890.article (accessed 2025 August 7).

3 Zhuang, Z. NTU launches new institute for medical innovation. *Today*, 2 April 2013. 2013. https://www.todayonline.com/daily–focus/science/ntu–launches–new–institute–medical–innovation.

4 Asian Scientist Newsroom. *NTU Opens Southeast Asia's First Nanomedicine Research Institute.* 11 Novermber 2013. 2013. https://www.asianscientist.com/2013/11/academia/ntu–opens–nanomedicine–research–institute–2013/.

5 NITHM. *About NITHM.* 2015. https://blogs.ntu.edu.sg/nithm/about–nithm/

(accessed 2025 August 7).

6 Wittenkindt, N. *Taking Nano Big: A Conversation With Subbu Venkatraman*. In Asian Scientist Magazine, 2015.

7 Fu, F.; Wang, J.; Zeng, H.; Yu, J. Functional Conductive Hydrogels for Bioelectronics. *ACS Materials Letters* 2020, 2 (10), 1287–1301. DOI: 10.1021/acsmaterialslett.0c00309.

Ghovvati, M.; Kharaziha, M.; Ardehali, R.; Annabi, N. Recent Advances in Designing Electroconductive Biomaterials for Cardiac Tissue Engineering. *Adv Healthc Mater* 2022, 11 (13), e2200055. DOI: 10.1002/adhm.202200055 From NLM Medline.

Xu, Q.; Xiao, Z.; Yang, Q.; Yu, T.; Deng, X.; Chen, N.; Huang, Y.; Wang, L.; Guo, J.; Wang, J. Hydrogel–based cardiac repair and regeneration function in the treatment of myocardial infarction. *Mater Today Bio 2024*, 25, 100978. DOI: 10.1016/j.mtbio.2024.100978 From NLM PubMed–not–MEDLINE.

8 Xiong, Z.; Achavananthadith, S.; Lian, S.; Madden, L. E.; Ong, Z. X.; Chua, W.; Kalidasan, V.; Li, Z.; Liu, Z.; Singh, P.; et al. A wireless and battery–free wound infection sensor based on DNA hydrogel. *Sci Adv* 2021, 7 (47), eabj1617. DOI: 10.1126/sciadv.abj1617 From NLM PubMed–not–MEDLINE.

Ng, W. L. 3D bioprinting of skin constructs for toxicology testing. Proc. Of the 3rd Intl. Conf. on Progress in *Additive Manufacturing* (Pro–AM 2018) 2018. DOI: 10.25341/D4RC72. Ng, W. L.; Wang, S.; Yeong, W. Y.; Naing, M. W. Skin Bioprinting: Impending Reality or Fantasy? *Trends Biotechnol* 2016, 34 (9), 689–699. DOI: 10.1016/j.tibtech.2016.04.006 From NLM Medline.

Ng, W. L.; Yeong, W. Y.; Naing, M. W. Potential of Bioprinted Films for Skin Tissue Engineering. *Proc.* of the Intl. Conf. on Progress in Additive Manufacturing 2014. DOI: 10.3850/978–981–09–0446–3_065.

대학의 미래는 싱가포르에 있다

9   Lim, S.; Peng, T.; Sana, B. Protein Cages as Theranostic Agent Carriers. *World Congress on Medical Physics and Biomedical Engineering, IFMBE Proceedings 2012*, 39, 4.

NTU. NTU Centre of High Field NMR Spectroscopy & Imaging – Publications. (accessed 2025 August 12).

Nandwana, V.; Ryoo, S. R.; Kanthala, S.; Kumar, A.; Sharma, A.; Castro, F. C.; Li, Y.; Hoffman, B.; Lim, S.; Dravid, V. P. Engineered ferritin nanocages as natural contrast agents in magnetic resonance imaging. *RSC Advances* 2017, 7 (55), 34892–34900. DOI: 10.1039/c7ra05681h.

Kumar, A.; Sharma, B.; Lim, S. Protein Cage Relaxivity Measurement for Magnetic Resonance Imaging Contrast Agents. *Methods Mol Biol* 2023, 2671, 349–360. DOI: 10.1007/978–1–0716–3222–2_20   From NLM Medline.

10 Moreno, M. R.; Tabitha, T. S.; Nirmal, J.; Radhakrishnan, K.; Yee, C. H.; Lim, S.; Venkatraman, S.; Agrawal, R. Study of stability and biophysical characterization of ranibizumab and aflibercept. *Eur J Pharm Biopharm* 2016, 108, 156–167. DOI: 10.1016/j.ejpb.2016.09.003   From NLM Medline.

Nirmal, J.; Radhakrishnan, K.; Moreno, M.; Natarajan, J. V.; Laude, A.; Lim, T. H.; Venkatraman, S.; Agrawal, R. Drug, delivery and devices for diabetic retinopathy (3Ds in DR). *Expert Opin Drug Deliv* 2016, 13 (11), 1625–1637. DOI: 10.1080/17425247.2016.1188800 From NLM Medline.

Seah, I.; Zhao, X.; Lin, Q.; Liu, Z.; Su, S. Z. Z.; Yuen, Y. S.; Hunziker, W.; Lingam, G.; Loh, X. J.; Su, X. Use of biomaterials for sustained delivery of anti–VEGF to treat retinal diseases. *Eye (Lond)* 2020, 34 (8), 1341–1356. DOI: 10.1038/s41433–020–0770–y From NLM Medline.

Ong, N. W. X.; Sim, B.; Chang, J. J.; Wong, J. H. M.; Loh, X. J.; Goh, R. Recent advances in thermogels for the management of diabetic ocular complications. *RSC Applied Polymers* 2023, 1 (2), 204–228. DOI:

주

10.1039/d3lp00136a.

11 Zhuang, Z. NTU launches new institute for medical innovation. *Today Online*, 2013. https://www.todayonline.com/daily–focus/science/ntu–launches–new–institute–medical–innovation (accessed 2025 August 12).

12 Northwestern University. *International Partnership to Develop Healthcare Technologies*. https://www.mccormick.northwestern.edu/news/articles/2014/02/international–partnership–to–develop–healthcare–technologies.html (accessed 2025 August 12).

13 Engwall, L. Structural Conditions for Interdisciplinarity. *European Review* 2018, 26 (S2), S30–S40. DOI: 10.1017/s106279871800025x.

14 VanWormer, A.; Lindquist, R.; Robiner, W.; Finkelstein, S. Interdisciplinary collaboration applied to clinical research: an example of remote monitoring in lung transplantation. *Dimens Crit Care Nurs* 2012, 31 (3), 202–210. DOI: 10.1097/DCC.0b013e31824e0307 From NLM Medline. Okorie, D. The Importance of Effective Collaboration in Clinical Research and How Probe Facilitates It. In *Infiuss Health*, 2024.

15 NTU. *NTU Honours College*. 2025. https://www.ntu.edu.sg/honours–college (accessed 2025 7 August). Chan, G. NTU to launch new honours college in August with 500 students in first intake. *The Straits Times*, 15 May 2025. 2025. https://www.straitstimes.com/singapore/ntu–to–launch–new–honours–college–in–august–2025–with–500–students–in–first–intake.

16 NTU. *NTU Honours College*. 2025. https://www.ntu.edu.sg/honours–college (accessed 2025 August 7).

17 NTU. *NTU Honours College Key Highlights*. 2025. https://www.ntu.edu.sg/honours–college/key–highlights (accessed 2025 August 7).

18 NTU. *Renaissance Engineering Programme*. 2025. https://www.ntu.edu.sg/admissions/undergraduate/premier–scholar–programmes/renaissance–engineering–programme (accessed 2025 August 7).

Asian Scientist. *NTU, UNESCO Create Science Kits For Developing Nations*. In Asian Scientist, 2014.

19 NTU. *Rennaissance Engineering Programme Admissions*. 2025. https://www.ntu.edu.sg/admissions/undergraduate/premier–scholar–programmes/renaissance–engineering–programme/about–us (accessed 2025 August 7).

20 NTU. *Renaissance Engineering Programme (REP)*. 2025. https://www.ntu.edu.sg/education/undergraduate–programme/renaissance–engineering–programme–(rep) (accessed 2025 August 7).

21 Ibid.

22 NTU. *REAlumni*. https://www.ntu.edu.sg/admissions/undergraduate/premier–scholar–programmes/renaissance–engineering–programme/realumni (accessed 2025 August 12).

23 Academia Europaea. *Bertil Andersson*. https://www.ae–info.org/ae/Member/Andersson_Bertil (accessed 2025 August 7).
NTU. *Past Presidents*. https://www.ntu.edu.sg/about–us/history/past–presidents (accessed 2025 August 7).

24 NTU. *NTU at a Glance 2023;* 2023.

25 Cho, N. J.; Jackman, J. A.; Liu, M.; Frank, C. W. pH–driven assembly of various supported lipid platforms: a comparative study on silicon oxide and titanium oxide. *Langmuir* 2011, 27 (7), 3739–3748. DOI: 10.1021/la104348f From NLM Medline.
Jackman, J. A.; Cho, N. J.; Duran, R. S.; Frank, C. W. Interfacial binding dynamics of bee venom phospholipase A2 investigated by dynamic light scattering and quartz crystal microbalance. *Langmuir* 2010, 26 (6), 4103–4112. DOI: 10.1021/la903117x From NLM Medline.

26 NTU. *Nanyang President's Graduate Scholarship*. https://www.ntu.edu.sg/admissions/graduate/financialmatters/scholarships/npgs (accessed 2025 August 7).

27 Squibb, B. M. *Translational medicine*. 2025. https://www.bms.com/ researchers–and–partners/translational–medicine.html (accessed 2025 August 7).

28 NIH, *About Translational Science*. https://ncats.nih.gov/about/about– translational–science (accessed 2025 August 7).

29 MOE. *Academic Research Fund Tier 1 Administrative Guidelines*. 2020. MOE. *Academic Research Fund Tier 2 Administrative Guidelines*. 2024. MOE. *Academic Research Fund Tier 3 Administrative Guidelines*. 2024.

30 MOE. *Academic Research Fund Tier 1 Administrative Guidelines*. 2020. MOE. *Academic Research Fund Tier 2 Administrative Guidelines*. 2024. MOE. *Academic Research Fund Tier 3 Administrative Guidelines*. 2024. NRF. *Competitive Research Programme (CRP) Funding Scheme Information Sheet*. 2024.
NMRC. *January 2025 Grant Call*. 2024.

31 NRF. *Competitive Research Programme (CRP) Funding Scheme Information Sheet*. 2024.

32 NTU. *PH.D. Candidature Confirmation (QE)*. https://www.ntu.edu.sg/ sbs/admissions/graduate/research/programme–and–curriculum/ph.d.– candidature–confirmation–(qe) (accessed 2025 August 8).

33 NTU. *Doctor of Philosophy | Materials Science and Engineering*. https:// www.ntu.edu.sg/education/graduate–programme/mse–doctor–of– philosophy–(phd)#programme (accessed 2025 August 8).

34 NTU. *Nanyang President's Graduate Scholarship*. https://www.ntu.edu. sg/admissions/graduate/financialmatters/scholarships/npgs (accessed 2025 August 7).
A*STAR. *About A*STAR Scholarships*. (accessed 2025 August 8).
NTU. *NTU Research Scholarship*. https://www.ntu.edu.sg/admissions/ graduate/financialmatters/scholarships/rss (accessed 2025 August 8).
NUS. *NUS Research Scholarship*. https://nusgs.nus.edu.sg/scholarships/

대학의 미래는 싱가포르에 있다

nus–research–scholarship (accessed 2025 August 8).

A*STAR. *Singapore International Graduate Award (SINGA)*. https://www.a–star.edu.sg/Scholarships/for–graduate–studies/singapore–international–graduate–award–singa (accessed 2025 Augsut 8).

35 A*STAR. *Singapore International Graduate Award (SINGA)*. https://www.a–star.edu.sg/Scholarships/for–graduate–studies/singapore–international–graduate–award–singa (accessed 2025 August 8).

NTU. *Singapore International Graduate Award (SINGA)*. 2024. https://www.ntu.edu.sg/graduate–college/admissions/scholarships/singapore–international–graduate–award–(singa) (accessed 2025 August 8).

36 AI Singapore. *AISG PhD Fellowship Programme*. https://aisingapore.org/research/phd–fellowship–programme/ (accessed 2025 August 8).

4장

1 Andersson, B. *Success Breeds Success–Experiences from Research & Innovation in Singapore*. 2015. https://www.fteval.at/content_old/home/veranstaltungen/veranstaltungen/success_breeds_success_singapore/Keynote_Andersson.pdf (accessed 2025 August 8).

2 NTU. *Global Dialogue @ NTU: Inaugural Board Meeting*. 2014.

3 NTU. *Global Dialogue @ NTU: Inaugural Board Meeting*. 2014.

The Nobel Prize. *Global premiere of Nobel Prize Series in Singapore*. 2015. https://www.nobelprize.org/press–release/global–premiere–of–nobel–prize–series–in–singapore/ (accessed 2025 August 12).

4 NTU. *Global Dialogue @ NTU: Inaugural Board Meeting*. 2014.

5 IAS, *Welcome*. https://www.ias.edu/about/welcome (accessed 2025 August 8).

6 The Nobel Prize. *Global premiere of Nobel Prize Series in Singapore*. 2015. https://www.nobelprize.org/press–release/global–premiere–of–nobel–prize–series–in–singapore/ (accessed 2025 August 12).

7 NTU. *Global Dialogue @ NTU: Inaugural Board Meeting*. 2014.

8 Ibid.

9 Molecular Frontiers. *Singapore* 2012. https://molecularfrontiers.org/symposia/singapore–2012 (accessed 2025 August 8).

10 Molecular Frontiers. *About*. https://molecularfrontiers.org/about (accessed 2025 August 8).

11 The Nobel Prize. *Stefan W. Hell–Facts*. https://www.nobelprize.org/prizes/chemistry/2014/hell/facts/ (accessed 2025 August 8).

12 Molecular Frontiers. *Scientific Advisory Board*. https://molecularfrontiers.org/scientific–advisory–board (accessed 2025 August 8).

13 Molecular Frontiers. *Meet the Science Superheroes Changing Our World*. 2014. https://www.youtube.com/watch?v=EyH295Kdrfk (accessed 2025 August 8).

14 Ibid.

15 DQ Institute. *About*. https://www.dqinstitute.org/about/ (accessed 2025 August 8).

16 Molecular Frontiers. *Korea* 2013. https://molecularfrontiers.org/symposia/korea–2013 (accessed 2025 August 8).

17 Molecular Frontiers. *Meet the Science Superheroes Changing Our World*. 2014. https://www.youtube.com/watch?v=EyH295Kdrfk (accessed 2025 August 8).

18 Molecular Frontiers. *Korea* 2013. https://molecularfrontiers.org/symposia/korea–2013 (accessed 2025 August 8).

19 고려대학교. 노벨상 수상자들 고려대에 모였다. 2013.

20 신진우; 전주영; 이예은. 노벨상 역대 수상자 4명 참석… "한국 최대의 자연과학축제". *동아일보*, 2013 October 15. 2013. https://www.donga.com/news/It/article/all/20131014/58186163/1.

21 NTU. The Largest Wooden Building in Asia Unveiled. *Industrial Equipment News*, May 18, 2023. 2023. https://www3.ntu.edu.sg/

CorpComms2/Documents/2023/05_May/Industrial%20Equipment%20
News_180523_gaia.pdf.

22 Rodriguez, D. *3 things you didn't know about The Hive.* 2024.

23 NTU. The Largest Wooden Building in Asia Unveiled. *Industrial Equipment News,* 2023 May 18. 2023. https://www3.ntu.edu.sg/
CorpComms2/Documents/2023/05_May/Industrial%20Equipment%20
News_180523_gaia.pdf.

24 NTU. *Living Labs.* https://www.ntu.edu.sg/about-us/sustainability/green-campus/living-labs (accessed 2025 August 8).
NTU. *Sustainable Campus and Infrastructure.* https://www.ntu.edu.sg/
about-us/sustainability/green-campus/sustainable-operations-and-infrastructure (accessed 2025 August 8).

25 NTU. *Smart Campus.* https://www.ntu.edu.sg/about-us/smart-campus
(accessed 2025 August 8).

26 Ibid.

5장

1 김주완. [단독] "韓, AI 인재 순유출국…1년 만에 더 악화됐다". *한국경제*, 2025.
https://www.hankyung.com/article/2025041535161 (accessed 2025
August 11).
오주비. 교수 1명 떠나면, 박사 10명도 짐싼다. *조선일보*, 2025. https://www.
chosun.com/national/education/2025/08/11/EY4T7DGANZEWJASTIQ
FOSNCN2M/ (accessed 2025 August 11).

2 홍준석. 서울대, 이르면 9월 호봉제 폐지하고 성과연봉제 도입. *연합뉴스*, 2025.
https://www.yna.co.kr/view/AKR20250709050000004 (accessed 2025
August 11).

3 TopUniversities. *Nanyang Technological University, Singapore (NTU Singapore): Rankings, Fees & Corses Details.* 2025. https://www.
topuniversities.com/universities/nanyang-technological-university-

singapore–ntu–singapore (accessed 2025 August 9).

4 오주비. 카이스트 모델 삼던 난양공대, 하버드 넘었다. *조선일보*, 2025. https://
   www.chosun.com/national/education/2025/03/13/4CLR7R7I4NH3DMQE
   4T3NARF7LA/ (accessed 2025 August 12).

5 QS 세계대학순위는 학술 고용 평판, 논문 인용 수 및 영향력, H–지수 지표 등에
   서 매우 높은 평가를 받은 결과이며, 난양공대가 업계와 연구 기관과의 긴밀한 협
   력, 첨단 연구 성과 및 교수진의 리더십을 바탕으로 혁신적인 연구와 실용적 가치
   를 창출하는 재료과학 분야의 세계적 중심지로 자리매김했다는 것을 말해준다.
   난양공대는 2010년대 초반에는 아시아 내 중위권 수준이었지만 이후 제도적 성장
   을 기반으로 빠르게 상위권으로 진입했다. 이후에도 아시아 상위 5위권을 안정적
   으로 유지 중이며, 동아시아 최고권 대학들과의 경쟁에서 꾸준히 선전하고 있다.

6 Wong, K. H. It Changed My Life: 'Unreal' life of NTU president Bertil
   Andersson. *The Straits Times*, 23 October 2016, 2016. https://www.
   straitstimes.com/singapore/unreal–life–of–ntus–agent–of–change.

7 NTU, *Careers: School of Civil and Environmental Engineering*. 2025.
   https://ntu.wd3.myworkdayjobs.com/Careers?q=School+of+Civil+and+E
   nvironmental+Engineering (accessed 2025 August 11).

8 TopUniversities. *QS World University Rankings: Top global universities*.
   2025. https://www.topuniversities.com/qs–world–university–rankings
   (accessed 2025 August 11).

9 Times Higher Education. *World University Rankings*. 2025. https://www.
   timeshighereducation.com/world–university–rankings (accessed 2025
   August 11).

10 US News Education, *Search U.S. News Best Global Universities*. 2025.
   https://www.usnews.com/education/best–global–universities/search
   (accessed 2025 August 11).

11 Doherty, E. The downfall of higher education rankings. *Axios*, 2023.
   https://www.axios.com/2023/01/18/harvard–medical–school–ranking–
   us–news (accessed 2025 August 11).

Aratani, L. Yale, Harvard and UC Berkeley law schools withdraw from US News rankings. *The Guardian*, 2022. https://www.theguardian.com/us-news/2022/nov/17/yale-harvard-law-school-us-news-world-report-rankings (accessed 2025 August 11).

12 Doherty, E. The downfall of higher education rankings. *Axios*, 2023. https://www.axios.com/2023/01/18/harvard-medical-school-ranking-us-news (accessed 2025 August 11).

13 Waxman, O. B. The College Ranking Process Is Under Scrutiny. What That Means If You're Deciding Where to Go. *Time*, 2023. https://time.com/6263961/do-college-rankings-matter-decision-making-process/?utm_source=chatgpt.com (accessed 2025 August 11).

14 TopUniversities, *Nanyang Technological University, Singapore (NTU Singapore): Rankings, Fees & Corses Details*. 2025. https://www.topuniversities.com/universities/nanyang-technological-university-singapore-ntu-singapore (accessed 2025 August 9).

15 UIC, *Measuring Your Impact: Impact Factor, Citation Analysis, and other Metrics: Measuring Your Impact*. https://researchguides.uic.edu/if/yourimpact (accessed 2025 August 11).

16 NTU, *Fellowships & Awards (Research Support Office)*. https://www.ntu.edu.sg/research/research-careers (accessed 2025 August 13).

17 Packer, H. *Teach students to spot paper mills, Chinese universities told*. Times Higher Education, 2025. https://www.timeshighereducation.com/news/teach-students-spot-paper-mills-chinese-universities-told (accessed 2025 August 11).

18 Doherty, E. The downfall of higher education rankings. *Axios*, 2023. https://www.axios.com/2023/01/18/harvard-medical-school-ranking-us-news (accessed 2025 August 11).

Waxman, O. B. The College Ranking Process Is Under Scrutiny. What That Means If You're Deciding Where to Go. *Time*, 2023. https://

time.com/6263961/do–college–rankings–matter–decision–making–
process/?utm_source=chatgpt.com (accessed 2025 August 11).

19 Virginia Tech Faculty Senate. *Statement on the Responsible Use of
Research Metrics*. 2023. https://www.facultysenate.vt.edu/Statements/
responsible–research–metrics.html (accessed 2025 August 11).
Batthyány. K. *The future of research evaluation: A synthesis of current
debates and developments. International Science Council*, 2023. https://
council.science/publications/the–future–of–research–evaluation–a–
synthesis–of–current–debates–and–developments (accessed 2025
August 11).

20 Feenstra. R. A.; Lopez–Cozar. E. D. The footprint of a metrics–based
research evaluation system on Spanish philosophical scholarship: an
analysis of researchers perceptions. *arXiv* 2021. 28. DOI: 10.48550/
arXiv.2103.11987.

21 Fire. M.; Guestrin. C. Over–optimization of academic publishing metrics:
observing Goodhart's Law in action. *Gigascience* 2019. 8 (6). DOI:
10.1093/gigascience/giz053 From NLM Medline.

22 Hegde. S. N. "Publish and Cherish," not "Publish or Perish". *APIK Journal
of Internal Medicine* 2025. 13 (3). 159–160. DOI: 10.4103/ajim.ajim_39_25.

23 Dinh. L.; Barley. W. C.; Johnson. L.; Allan. B. F. Hyperauthored papers
disproportionately amplify important egocentric network metrics. *arXiv*
2023. 36. DOI: 10.48550/arXiv.2308.02212.

24 Fanelli. D.; Glanzel. W. Bibliometric Evidence for a Hierarchy of
the Sciences. *PLoS One* 2013. 8 (6). e66938. DOI: 10.1371/journal.
pone.0066938 From NLM Medline.

25 Şener. H. S.; Kaya. İ. S.; Köksal. M. S.; Taşkın. Z. Closing the door behind:
metric–based research evaluation systems and gatekeeping towards
young researchers. *Scientometrics* 2025. 130 (4). 2291–2310. DOI:
10.1007/s11192–025–05282–6.

26 Virginia Tech Faculty Senate. *Statement on the Responsible Use of Research Metrics*. 2023. https://www.facultysenate.vt.edu/Statements/responsible–research–metrics.html (accessed 2025 August 11).

27 Mickey, E. L.; Misra, J.; Clark, D. The persistence of neoliberal logics in faculty evaluations amidst Covid–19: Recalibrating toward equity. *Gend Work Organ* 2022. DOI: 10.1111/gwao.12817 From NLM Publisher.

28 Woo, M. Infoporn: College Faculties Have a Serious Diversity Problem. *Wired*, 2015. https://www.wired.com/2015/02/infoporn–college–faculties–serious–diversity–problem (accessed 2025 August 11).

29 Schimanski, L. A.; Alperin, J. P. The evaluation of scholarship in academic promotion and tenure processes: Past, present, and future. *F1000Res* 2018, 7, 1605. DOI: 10.12688/f1000research.16493.1 From NLM Medline.

30 Hajjar, S. E.; Borna, S. *The Tenure Dilemma: Stability or Innovation?* AACSB, 2025. https://www.aacsb.edu/insights/articles/2025/05/the–tenure–dilemma–stability–or–innovation (accessed 2025 August 11).

31 Ibid.

32 Cohen, J.; Kaiser, J. Exclusive: NIH suspends dozens of pathogen studies over 'gain-of-function' concerns. *Science*, 2025. https://www.science.org/content/article/exclusive–nih–suspends–dozens–pathogen–studies–over–gain–function–concerns (accessed 2025 August 11).

33 Gibson, L. The Latest In Harvard's Fight with the Trump Administration. *Harvard Magazine*, 2025. https://www.harvardmagazine.com/2025/08/latest–in–harvard–s–fight–with–trump–administration (accessed 2025 August 11).

34 미국의 테뉴어 제도는 대학·연구 기관에서 교수에게 종신 재직권을 부여하는 제도로, 정년까지 직위와 급여를 보장하며 해임 사유를 엄격히 제한한다. 테뉴어를 받은 교수는 연구와 교육에서 학문적 자유를 누릴 뿐 아니라, 자발적으로 결정하지 않는 한 의무적 은퇴가 강제되지 않는다. 미국에서는 1994년 '연령차별금지

법(Age Discrimination in Employment Act)' 개정 이후, 대학이 테뉴어 교수의 정년을 강제할 수 없게 됐으며, 이로 인해 일부 교수는 70세를 넘어 장기간 재직하기도 한다. 이러한 제도는 학문적 자유와 고용 안정성을 강화하지만, 재정 부담·세대 교체 지연·신진 연구자 진입 기회 축소 등의 부작용도 지적된다. AAUP. *Policy Documents and Reports*, 11th ed., 2015.

Clark & Hammond. To Retire or Not? *Retirement Policy and Practice in Higher Education*, 2001.

35 Yiu, W. Hong Kong's CUHK eyes scholars from US amid higher education turmoil in country. *South China Morning Post*, 2025. https://www.scmp.com/news/hong-kong/education/article/3311117/hong-kongs-cuhk-eyes-scholars-us-amid-higher-education-turmoil-country (accessed 2025 August 11).

36 Kassam, A. European universities offer 'scientific asylum' to US researchers fleeing Trump's cuts. *The Guardian*, 2025. https://www.theguardian.com/us-news/2025/mar/25/europe-universities-us-researchers-trump-administration-science (accessed 2025 August 11).

37 홍준석. 서울대, 이르면 9월 호봉제 폐지하고 성과연봉제 도입. *연합뉴스*, 2025. https://www.yna.co.kr/view/AKR20250709050000004 (accessed 2025 August 11).

38 NTU. *Faculty Promotion and Tenure: Policy and Procedures*; 2016.

39 NTU. *[PT33] Exercise Schedule and Key Tasks (July 2024 to February 2025)*; 2024.

40 Asia and Pacific Research Center. *Research on the Nurturing and Maintaining of STI talent in Singapore (Addendum): The Driving Forces behind the Progress at NUS and NTU*. Japan Science and Technology Agency, 2022. https://spap.jst.go.jp/investigation/downloads/2022_rr_02_add_en.pdf (accessed 2025 August 11).

41 NTU. *Nanyang Assistant/Associate Professorship (NAP)*. 2025. https://www.ntu.edu.sg/research/research-careers/nanyang-assistant-

대학의 미래는 싱가포르에 있다

professorship-(nap) (accessed 6 August 2025.

42 NTU. *[PT33] Exercise Schedule and Key Tasks (July 2024 to February 2025)*; 2024.

43 NTU. *Nanyang Assistant/Associate Professorship (NAP)*. 2025. https://www.ntu.edu.sg/research/research-careers/nanyang-assistant-professorship-(nap) (accessed 6 August 2025.

44 Hu, K. ChatGPT sets record for fastest-growing user base-analyst note. *Reuters*, 2023. https://www.reuters.com/technology/chatgpt-sets-record-fastest-growing-user-base-analyst-note-2023-02-01 (accessed 2025 August 11).

45 Helmore, E. Ohio State University says all students will be required to train in AI. *The Guardian*, 2025. https://www.theguardian.com/us-news/2025/jun/09/ohio-university-ai-training (accessed 2025 August 11).
Klein, A. *AI Literacy, Explained*. 2023. https://openlearning.mit.edu/news/ai-literacy-explained (accessed 2025 August 11).
Stanford. *Understanding AI Literacy*. https://teachingcommons.stanford.edu/teaching-guides/artificial-intelligence-teaching-guide/understanding-ai-literacy (accessed 2025 August 11).

46 Khalifa, M.; Albadawy, M. Using artificial intelligence in academic writing and research: An essential productivity tool. *Computer Methods and Programs in Biomedicine Update* 2024, 5. DOI: 10.1016/j.cmpbup.2024.100145.

47 Brighteye Ventures. *AI's impact on the future of Higher Education*. https://www.brighteyevc.com/post/ai-s-impact-on-the-future-of-higher-education (accessed 2025 August 11).

48 AI Singapore. *AI Singapore*. https://aisingapore.org/ (accessed 2025 August 11).

49 AI Singapore. *The Team*. https://aisingapore.org/home/the-team/ (accessed 2025 August 11).

50 AI Singapore, *AI Singapore*. https://aisingapore.org/ (accessed 2025 August 11).

51 AI Singapore, *AI APPRENTICESHIP PROGRAMME*. https://aiap.sg/apprenticeship/ (accessed 2025 August 11).

52 AI Singapore, *The Team*. https://aisingapore.org/home/the-team/ (accessed 2025 August 11).

AI Singapore, *AI APPRENTICESHIP PROGRAMME*. https://aiap.sg/apprenticeship/ (accessed 2025 August 11).